VITÓRIA SOBRE O VÍCIO

E

AS SETE VIRTUDES

FULTON J. SHEEN

Copyright © 2021 por Allan J. Smith

Salvo indicação em contrário, as citações das Escrituras no texto principal são retiradas da edição de Douay-Rheims do Antigo e do Novo Testamento, domínio público.

Nenhuma parte deste livro pode ser reproduzida, armazenada em um sistema de recuperação ou transmitida de qualquer forma, ou por qualquer meio, eletrônico, mecânico, fotocópia ou de outra forma, sem a permissão prévia por escrito da editora, exceto por um revisor, que pode citar breves passagens em uma revisão.

Bishop Sheen Today
280 John Street
Midland, Ontário,
Canadá L4R 2J5
www.bishopsheentoday.com

Dados de Catalogação na Publicação da Biblioteca do Congresso

Nomes: Sheen, Fulton J. (Fulton John), 1895-1979, autor. | Smith, Allan J., editor.

Sheen, Fulton J. (João Fulton), 1895-1979. 'Victory Over Vice'. - Registado em nome de P.J. Kenedy & Sons, sob o número do cartão de catálogo da Biblioteca do Congresso: A 128052, após publicação em 13 de abril de 1939.

Sheen, Fulton J. (John Fulton), 1895-1979. As Sete Virtudes. - Registrado em nome de P.J. Kenedy & Sons, sob o número do cartão de catálogo da Biblioteca do Congresso: A139984 seguinte publicação 26 de abril de 1940.

Título: Vitória Sobre o Vício e As Sete Virtudes Fulton J. Sheen; compilado por Allan J. Smith.

Descrição: Midland, Ontário, Canadá: Bishop Sheen Today, 2021

Inclui referências bibliográficas.

Identificadores:
ISBN: 978-1-997627-50-0 (brochura)
ISBN: 978-1-997627-52-4 (capa dura)
ISBN: 978-1-997627-11-1 (ebook)

Assuntos: Jesus Cristo — As Sete Últimas Palavras — Os Sete Pecados Capitais — As Sete Virtudes

Tradução do texto original em inglês para o Português por Ana Isabel Miranda Estevão Smith

v

J.M.J.

DEDICADO A

Maria Imaculada, Mãe de Deus

COMO SINAL DE CARINHO
E GRATIDÃO FILIAL

EM HUMILDE PETIÇÃO OREMOS
PELA GRAÇA DE
PRATICAR AS VIRTUDES
E OBTER
VITÓRIA SOBRE O VÍCIO

*Ad maiorem Dei gloriam
inque hominum sauda*

Jesus chama todos os Seus filhos ao púlpito da Cruz, e cada palavra que lhes dirige, tem como objetivo: propagação e consolação eterna.

Nunca houve tal pregador como o Cristo moribundo.

Nunca houve uma congregação como aquela que se reuniu à volta do púlpito da Cruz.

Arcebispo Fulton J. Sheen

x

AS ÚLTIMAS SETE PALAVRAS DE CRISTO

A Primeira Palavra
« *Pai, perdoa-lhes: não sabem o que fazem.* »

A Segunda Palavra
« *'Hoje estarás comigo no Paraíso.* »

A Terceira Palavra
« *Mulher, eis o teu filho; eis a tua mãe.* »

A Quarta Palavra
« *Meu Deus! Meu Deus!*

« *Por que me abandonaste?* »

A Quinta Palavra
« *Tenho sede.* »

A Sexta Palavra
« *Está consumado.* »

A Sétima Palavra
« *Pai, nas tuas mãos entrego o meu espírito.* »

ÍNDICE

PREFÁCIO   xvii

VITÓRIA SOBRE O VÍCIO   1

INTRODUÇÃO   3
IRA   5
INVEJA   21
LUXÚRIA   38
ORGULHO   54
GULA   71
PREGUIÇA   92
COBIÇA   113

AS SETE VIRTUDES	**137**
INTRODUÇÃO	139
A PRIMEIRA VIRTUDE	141
-Fortaleza-	
A SEGUNDA VIRTUDE	164
- Esperança -	
A TERCEIRA VIRTUDE	182
- Prudência-	
A QUARTA VIRTUDE	196
- Fé -	
A QUINTA VIRTUDE	209
- Temperança -	
A SEXTA VIRTUDE	225
- Justiça -	
A SÉTIMA VIRTUDE	240
- Caridade –	
AGRADECIMENTOS	251
SOBRE O AUTOR	253

PREFÁCIO

« *Aprendi mais com o crucifixo do que com qualquer livro.* »
São Tomás de Aquino

O ARCEBISPO FULTON J. SHEEN foi um homem para todas as épocas. Ao longo da sua vida, dedicou-se às almas, transformando vidas com o ensino claro das verdades de Cristo e da Sua Igreja, através dos seus livros, discursos na rádio, palestras, séries de televisão e inúmeras colunas em jornais.

Os variados temas deste requisitado orador, abrangiam as preocupações sociais da época, bem como questões de fé e moralidade. Com o seu jeito amigável e sorridente, Sheen conseguia iniciar conversas sobre praticamente qualquer assunto, conquistando inúmeros amigos, e convertidos.

Durante as décadas de 1930 e 1940, Fulton Sheen foi o orador principal no programa de rádio 'A Hora Católica', com milhões de ouvintes a sintonizarem todas as semanas, para ouvir os seus discursos. Os seus temas variavam de política e economia, à filosofia, e à eterna busca do homem pela felicidade.

Para além do seu programa de rádio semanal, Sheen escreveu dezenas de livros e panfletos. É seguro dizer que, através dos seus escritos, milhares de pessoas mudaram as suas perspectivas sobre Deus e a Igreja. Sheen foi citado dizendo: "não há cem pessoas nos Estados Unidos que odeiam a Igreja Católica; mas há milhões que odeiam o que erradamente percebem ser a Igreja Católica."

Possuindo um zelo ardente que dissipou mitos sobre Nosso Senhor e a Sua Igreja, Sheen proferiu uma série de apresentações impactantes sobre a Paixão de Cristo, e as Suas últimas sete palavras da Cruz. Como estudioso das Escrituras, o Arcebispo Sheen conhecia bem o poder contido na pregação de Cristo crucificado. Com São Paulo, pôde dizer: "porque decidi não conhecer nada entre vós, senão a Jesus Cristo e Ele crucificado." (1Cor. 2, 2)

No seu último discurso gravado na Sexta-feira Santa, de 1979, o Arcebispo Sheen afirmou ter proferido este tipo de reflexão sobre o tema das últimas sete palavras de Cristo da Cruz 'pela quinquagésima oitava vez consecutiva.' Quer se trate do jovem padre em Peoria, Illinois, do professor universitário em Washington, D.C., ou do bispo em Nova Iorque, as mensagens de Sheen deixariam certamente uma marca indelével nos seus ouvintes.

Dada a sua importância e o impacto que tiveram na sociedade, pareceu-nos apropriado reintroduzir esta coleção de discursos radiofônicos de Sheen, que foram posteriormente compilados em dois livros intitulados 'Victory over Vice', (Nova Iorque: P.J. Kenedy and Sons, 1939,) e 'The Seven Virtues', (Nova Iorque: P.J. Kenedy and Sons, 1940)

A 2 de outubro de 1979, durante uma visita à Catedral de São Patrício, em Nova York, o Papa João Paulo II abraçou Fulton Sheen, e sussurrou-lhe uma bênção e uma afirmação ao ouvido. Ele disse: "escrevestes e falastes bem do Senhor Jesus Cristo. És um filho leal da Igreja." No dia da morte do Arcebispo Sheen (9 de dezembro de 1979), foi encontrado na sua capela particular, diante da Eucaristia, à sombra da cruz. O Arcebispo Sheen foi um homem purificado no fogo do amor, e pelo madeiro da Cruz.

Espera-se que, ao ler estas reflexões, o leitor concorde com a sincera afirmação dada por São João Paulo II e inúmeros outros, sobre a sabedoria e fidelidade do Venerável Arcebispo Sheen.

Que estes escritos do Arcebispo Fulton J. Sheen evoquem em nós um maior amor e compreensão de como 'As Últimas Sete Palavras' podem ser usadas como um remédio, para nos ajudar a superar os sete pecados capitais: raiva, inveja, luxúria, orgulho, gula, preguiça e cobiça.

E que estas Últimas Sete Palavras nos forneçam esse mesmo encorajamento para praticar as sete virtudes da Fortaleza, da Esperança, da Prudência, da Fé, da Temperança, da Justiça e da Caridade.

VITÓRIA SOBRE O VÍCIO

FULTON J. SHEEN

INTRODUÇÃO À VITÓRIA SOBRE O VÍCIO

Estas meditações sobre as Sete Últimas Palavras correlacionadas com os sete pecados capitais, não fazem pretensão de absolutismo. As Palavras não estão necessariamente relacionadas com os sete pecados capitais, mas fazem pontos convenientes de ilustração.

Este livro tem apenas um objetivo: despertar um amor pela Paixão de Nosso Senhor, e dar ao leitor encorajamento na conquista de uma vitória sobre um, ou muitos, dos sete pecados capitais. Se o faz numa só alma, justifica-se a sua publicação.

IRA

" Pai, perdoa-lhes, porque não sabem o que fazem."

A ÚNICA PAIXÃO que tem raízes mais profundas, do que qualquer outra, na natureza do homem racional, é a paixão da raiva. A raiva e a razão são capazes de grande compatibilidade, porque a raiva baseia-se na razão, que pondera o dano causado e a satisfação a exigir. Nunca nos zangamos, a não ser que alguém nos tenha magoado de alguma forma – ou assim pensamos.

Mas nem toda a ira é pecaminosa, pois existe apenas ira. A expressão mais perfeita da ira justa, está na purificação do Templo por Nosso Senhor Santíssimo. Ao passar pelos seus portões escuros na festa da Páscoa, Ele encontrou mercadores gananciosos, saqueando a cada esquina aqueles que precisavam de cordeiros e pombas para os sacrifícios do templo.

Fazendo um flagelo de pequenos cordões, Ele movia-se entre eles com uma dignidade serena, e um belo autodomínio, ainda mais convincente do que o chicote. Afugentou os bois e as ovelhas com o Seu chicote; com as mãos, derrubou as mesas dos cambistas, que amontoados no chão depois do das moedas a rolar; apontou para os vendedores de pombas, e ordenou-lhes que saíssem do pátio exterior; a todos disse: "Tirai estas coisas daí, e não façais da casa de meu Pai uma casa de comércio."

Aqui, cumpriu-se a injunção das Escrituras, "Irai-vos, e não pequeis", pois a ira não é pecado, sob três condições: 1 — Se a causa da ira for justa, por exemplo, em defesa da honra de Deus, 2 — Se não for superior ao que a causa exige, isto é, se for mantida sob controlo, e 3 — Se for rapidamente subjugada: "Não se ponha o sol sobre a vossa ira."

Aqui, estamos preocupados não apenas com a raiva, mas com a raiva injusta, isto é, a raiva que não tem causa legítima — raiva excessiva, vingativa e duradoura, o tipo de raiva e ódio contra Deus, que destruiu a religião num sexto da superfície da Terra, e que recentemente na Espanha queimou 25.000 igrejas e capelas, e assassinou 12.000 servos de Deus; o tipo de ódio que não é apenas dirigido contra Deus, mas também o próximo, e é alimentado pelos discípulos do conflito das classes que falam de paz, mas procuram glórias pela guerra; a raiva vermelha que faz o sangue correr a superfície, e a raiva branca que o empurra para as profundezas e embranquece o rosto; a raiva que procura 'vingar-se', retribuir em espécie, murro por murro, olho por olho, mentira por mentira; a ira do punho cerrado, preparado para atacar, não em defesa do que se ama, mas em ofensa ao que se odeia; numa palavra, o tipo de raiva que destruirá a nossa civilização, a menos que a sufoquemos pelo amor.

 O Nosso Senhor Santíssimo veio reparar o pecado da ira, ensinando-nos primeiro uma oração: "Perdoai as nossas ofensas, assim como nós perdoamos a quem nos tem ofendido"; e depois, dando-nos um preceito: "Amai os vossos inimigos; fazei o bem aos que vos odeiam." Mais concretamente acrescentou: "Se alguém vos fizer caminhar um quilômetro, caminhai com ele dois... se alguém vos tirar a túnica, dá-lhe também o manto."

A vingança e a retaliação eram proibidas: "Já ouviste dizer: 'olho por olho e dente por dente.' Mas Eu digo-vos: amai os vossos inimigos." Estes preceitos tornaram-se ainda mais poderosos porque Ele os praticou.

Quando os Gerasenos se zangaram com Ele, por dar mais valor a um pobre necessitado do que a uma manada de porcos, as Escrituras não registam qualquer resposta: "E entrando num barco, atravessou as águas." Ao soldado que O esmurrou, Ele respondeu gentilmente: "Se eu falei mal, dá testemunho do mal, mas, se falei bem, por que me atacas?"

A expiação perfeita pela ira foi feita no Calvário. Podemos também dizer que foi a ira e o ódio que O levaram aquele monte. O Seu próprio povo odiava-O, pois pedia a Sua crucificação; a lei odiava-O, pois abandonaram a justiça para condenar a Justiça; os Gentios odiavam-n'O porque consentiram em matá-Lo;

as florestas odiavam-n'O porque uma das suas árvores suportava o Seu peso; as flores odiavam-n'O, pois teciam espinhos para a Sua cabeça; as entranhas da Terra odiavam-n'O, pois davam o seu aço para o martelo e os pregos.

Então, como que para personificar todo este ódio, a primeira geração de punhos cerrados na história do mundo veio ao pé da Cruz, e sacudiu-os diante da Face de Deus. Naquele dia, despedaçaram o Seu corpo, como hoje destroem o Seu tabernáculo. Os seus filhos e filhas partiram crucifixos na Espanha e na Rússia, como outrora feriram o Crucificado no Calvário.

Que ninguém pense que o punho cerrado é um fenômeno do século XX; aqueles, cujos corações estão hoje cerrados em punhos, são os descendentes lineares daqueles que estavam debaixo da Cruz com as mãos levantadas como mocas contra o Amor, enquanto cantavam roucamente o primeiro hino Internacional do ódio.

Olhando para aqueles punhos cerrados, não se pode deixar de sentir que, se alguma vez a ira poderia ter sido justificada, se alguma vez a Justiça poderia ter julgado corretamente, se alguma vez o Poder poderia ter atacado legitimamente, se alguma vez a Inocência pudesse ter protestado legitimamente, se alguma vez Deus pudesse ter-Se vingado justamente do homem – foi naquele momento.

E, no entanto, naquele preciso segundo em que a foice e o martelo se uniram para cortar a erva no monte Calvário, para erguer uma cruz e cravar pregos nas mãos, para tornar impotente as bênçãos do Amor encarnado, Ele, como uma árvore banhando em perfume o machado que a mata, para que a Terra pudesse ouvir pela primeira vez a reparação perfeita para pela ira pelo ódio, deixou cair dos Seus lábios — uma prece pelo exército de punhos cerrados, a Primeira Palavra da Cruz: "Pai, perdoa-lhes, porque não sabem o que fazem." (Lucas 23:34)

O maior pecador pode agora ser salvo, o pecado mais obscuro pode agora ser apagado, o punho cerrado pode agora ser aberto, o imperdoável pode agora ser perdoado. Embora estivessem mais certos de que sabiam o que faziam, Ele apodera-se da única atenuação possível do seu crime, e insta-a junto do Seu Pai Celestial com todo o ardor de um Coração misericordioso: a ignorância – "não sabem o que fazem". Se soubessem o que estavam a fazer, enquanto amarravam o Amor a uma árvore, e continuassem a fazê-lo, nunca teriam sido salvos. Teriam sido *condenados*.

É apenas porque os seus punhos estão cerrados na ignorância, que ainda podem ser abertos em mãos postas; é apenas porque as línguas blasfemam na ignorância que ainda podem falar em oração. Não é a sua sabedoria consciente que os salva; é a sua ignorância inconsciente.

Esta Palavra da Cruz nos ensina duas lições: 1 — A razão para perdoar é a ignorância e 2 — Para o perdão, não há limites.

A razão para perdoar é a ignorância. A Inocência Divina encontrou tal razão para o perdão; certamente, a culpa não pode fazer menos. O primeiro sermão pentecostal de São Pedro usou esta mesma desculpa de ignorância para a crucificação tão fresca na sua mente: "Mataram O autor da vida... e agora, irmãos, sei que o fizestes por ignorância, como fizeram também os vossos governantes."

Se houvesse plena consciência do mal, deliberação perfeita, perfeita compreensão das consequências dos atos, não haveria espaço para o perdão. É por isso que não há redenção para os anjos caídos. Eles sabiam o que estavam a fazer. Nós não sabemos. Somos muito ignorantes – ignorantes de nós mesmos, e ignorantes dos outros.

Ignorante dos outros! Quão pouco sabemos dos seus motivos, da sua boa-fé, das circunstâncias que rodeiam os seus atos. Quando os outros são violentos para nós, muitas vezes esquecemo-nos do pouco que sabemos sobre os seus corações, e dizemos: "Vejo que não tem a menor desculpa; eles sabiam muito bem o que estavam a fazer." E, no entanto, exatamente nas mesmas circunstâncias, Jesus encontrou uma desculpa: "Eles não sabem o que fazem."

Não sabemos nada sobre o interior do coração do nosso próximo e, no entanto, nos recusamos a perdoar. Ele conhece todo o coração pelo avesso e, por saber, perdoou.

Pegue qualquer cena de ação, deixe cinco pessoas presenciar, e terá cinco histórias diferentes do que aconteceu. Nenhum deles vê todos os lados. Nosso Senhor o faz, e é por isso que Ele perdoa.

Por que é que podemos encontrar desculpas para a nossa raiva contra o próximo e, no entanto, nos recusamos a admitir as mesmas desculpas quando o nosso próximo está com raiva de nós? Dizemos que os outros nos perdoariam se nos entendessem perfeitamente, e que a única razão pela qual estão zangados conosco é porque "não nos compreendem".

Por que essa ignorância não é reversível? Não podemos ser tão ignorantes dos seus motivos, como dizemos que ignoram os nossos? Será que a nossa recusa de encontrar uma desculpa para o seu ódio não significa tacitamente que, em circunstâncias semelhantes, nós próprios seremos inaptos a ser perdoados?

A ignorância de nós mesmos é outra razão para perdoar os outros. Infelizmente, somos nós mesmos que menos sabemos; os pecados, fraquezas e fracassos do nosso próximo nós conhecemos mil vezes melhor do que os nossos. A crítica aos outros pode ser má, mas a falta de autocrítica é pior.

Seria menos errado criticar os outros se primeiro criticássemos a nós mesmos, pois se primeiro apontássemos o holofote às nossas próprias almas, nunca sentiríamos que tínhamos o direito de apontá-lo à alma de qualquer outra pessoa. É apenas porque ignoramos a nossa verdadeira condição que deixamos de perceber o quanto precisamos de perdão.

Alguma vez ofendemos a Deus? Tem Ele o direito de Se zangar conosco? Então, por que é que nós, que precisamos tanto de perdão, não nos esforçamos para perdoar os outros? A resposta é porque nunca examinamos as nossas próprias consciências.

Somos tão ignorantes da nossa verdadeira condição, que sabemos pouco mais de nós mesmos do que o nosso nome e endereço, e quanto temos; do nosso egoísmo, da nossa inveja, da nossa detração, do nosso pecado, não sabemos absolutamente nada. De facto, para que nunca nos conheçamos, odiamos o silêncio e a solidão. Para que a nossa consciência não comece um diálogo insuportável conosco, abafamos a sua voz em divertimentos, distrações e ruídos. Se nos encontrássemos nos outros, odiá-los-íamos.

Se nos conhecêssemos melhor, seríamos mais tolerantes uns com os outros. Quanto mais duro somos para nós mesmos, mais gentis seremos para os outros; o homem que nunca aprendeu a obedecer não sabe como comandar, e o homem que nunca se disciplinou não sabe ser misericordioso.

São sempre os egoístas que são indelicados com os outros, e os que são mais duros consigo mesmos, são os mais gentis com os outros, pois o professor que menos sabe é sempre o mais intolerante com os seus alunos.

Só um Senhor que pensou tão pouco em Si, mesmo a ponto de se tornar homem e morrer como criminoso, poderia perdoar a fraqueza daqueles que O crucificaram.

Não é o ódio que está errado, mas é errar quando se odeia a coisa errada. Não é a raiva que está errada, mas sim estar zangado com a coisa errada. Diga-me qual é o seu inimigo, e eu lhe direi o que você é. Diga-me qual o seu ódio, e eu lhe direi o seu caráter.

Você odeia a religião? Então a sua consciência incomoda-o. Odeia os capitalistas? Então é avarento, e quer ser um capitalista. Você odeia o trabalhador? Então é egoísta e esnobe. Odeia o pecado? Então ama a Deus. Você odeia o seu ódio, o seu egoísmo, o seu temperamento inconstante e a sua maldade? Então é uma alma boa, pois Jesus disse: "Se alguém vier a mim... e não odeia a sua própria vida, não pode ser meu discípulo." (Lucas 14:26)

A segunda lição a retirar desta Primeira Palavra da Cruz, é que não há limite para o perdão. Nosso Senhor perdoou quando estava inocente, e não porque Ele mesmo tinha sido perdoado. Por isso, devemos perdoar não só quando fomos perdoados, mas mesmo quando estamos inocentes.

Uma vez, o problema dos limites do perdão perturbou Pedro, e Ele perguntou a nosso Senhor: "Até quantas vezes pecará o meu irmão contra mim, e eu lhe perdoarei? Até sete vezes?" Ao dizer 'sete vezes, Pedro pensava que estava esticando o perdão, pois era quatro a mais do que os Mestres Judeus ordenavam.

Pedro propôs um limite além do qual não haveria perdão. Pedro assumiu que o direito de ser perdoado é automaticamente renunciado após sete ofensas. É equivalente a dizer: "Eu renuncio o meu direito de cobrar dívidas de você, se você nunca me deve mais de sete dólares, mas se você exceder essa quantia, então o meu dever de cancelamento adicional para. Posso estrangulá-lo por oito dólares."

Nosso Senhor, ao responder Pedro, diz que o perdão não tem limites; o perdão é a renúncia de todos os direitos e a negação dos limites. "Não te digo até sete vezes, mas até setenta vezes sete." Isso não significa literalmente 490, mas infinitamente. O Salvador então começou a contar a parábola do mordomo injusto que, imediatamente após ser perdoado uma dívida de 10.000 talentos, asfixiou um companheiro servo que lhe devia cem talentos. Por ter se recusado a ser misericordioso com o seu devedor, o mordomo impiedoso, teve a sua própria misericórdia revogada. A sua falha não era de precisar de misericórdia e ter recusado de mostrá-la, mas sim de ter recebido misericórdia, e continuar a ser impiedoso. "Assim te fará também o meu Pai Celeste se não perdoares a todos do teu coração." (Mt. 18,35)

Perdoai, pois, e seremos perdoados; se cancelarmos a nossa ira contra os outros, Deus remeterá a Sua ira contra nós. O julgamento é uma colheita, onde colhemos o que semeamos. Se semearmos raiva contra nossos irmãos durante a vida, colheremos a ira justa de Deus. Não julguem, e não seremos julgados.

Se, durante a vida, perdoamos aos outros do coração, no Dia do Julgamento o Deus Todo-Sábio permitirá algo muito incomum para Si mesmo: Ele esquecerá como acrescentar, e saberá apenas como subtrair. Aquele que tem uma memória de toda a eternidade não se lembrará mais dos nossos pecados. Assim, seremos salvos mais uma vez através da 'Ignorância' Divina.

Ao perdoar os outros com o fundamento de que eles não sabem o que fazem, Nosso Senhor nos perdoará porque Ele não se lembra mais do que fizemos. Pode muito bem ser que, se Ele olhar para uma mão que, agora depois de ouvir a primeira Palavra na Cruz, dá uma bênção bondosa a um inimigo, Ele até se esqueça de que antes era um punho cerrado, vermelho com o sangue da Cristandade.

"E ainda te aventuras a viver em pecado,
E crucificar novamente o teu Senhor
Moribundo?
Não bastavam as Suas dores?
Deve sangrar ainda mais?
Ó, devem os nossos prazeres pecaminosos
Alimentar-se
Sobre os Seus tormentos, e aumentar a história
Da triste paixão do Senhor da glória!
Não há piedade? Não há remorso
Nos peitos humanos? Será que existe uma
Divisão fixa entre a plena misericórdia e o
Coração dos homens?
Separados para sempre – jamais para se
Encontrar novamente? Nenhuma Misericórdia
existe em nós: 'Só Tu,
Tem na, doce Jesus, por nós, que não temos
Nenhuma
Para Ti: evitaste assim os nossos mercados

RAIVA

Tudo existe no alto, e não temos algo aqui em baixo:
Não, bendito Senhor, não temos meios
Para servir a nossa natureza inconstante: a Menos que chamemos
Por Ti: És o nosso Salvador e tens poder
Para dar, e Quem crucificamos a cada hora:
Somos cruéis, Senhor, para Ti e também para Nós mesmos;
Jesus perdoa-nos; não sabemos o que fazemos."

Francis Quarle

INVEJA

" Hoje, estarás comigo no paraíso."

A INVEJA É A TRISTEZA PELO bem alheio, e a alegria pelo mal alheio. O que a ferrugem é para o ferro, o que as traças são para a lã, o que os cupins são para a madeira, isso é a inveja para a alma: o assassinato do amor fraterno. Não nos preocupamos aqui apenas com a inveja, ou o zelo que nos inspira a imitar o bom exemplo e a progredir com aqueles que são melhores do que nós, pois as Escrituras nos exortam a "ser zelosos pelos dons espirituais"; pelo contrário, tocamos aqui naquela inveja pecaminosa que é um luto deliberado pelo bem alheio, seja espiritual ou temporal, porque parece que diminui o nosso próprio bem. A honra prestada ao outro, é considerada pelo homem invejoso como uma desgraça refletida sobre si mesmo, e por consequência, ele fica triste. A inveja manifesta-se na discórdia, no ódio, na alegria maliciosa, na maledicência, na detração, na imputação de motivos maus, no ciúme e na calúnia.

Encontramos uma amostra desse tipo de inveja numa das duas mulheres que pediram a Salomão que julgasse a sua disputa. A primeira mulher disse: "Eu e esta mulher moramos numa casa... E o filho desta mulher morreu durante a noite: porque, durante o sono, ela o abafou. E levantando-se no meio da noite, enquanto a tua serva dormia, ela pegou no meu filho do meu lado... e deitou o seu filho morto no meu peito." Ao que a outra mulher respondeu: "Não é assim como dizes, mas o teu filho está morto, e o meu está vivo."

Como não havia testemunhas, Salomão mandou trazer uma espada, pela razão de que o coração materno da verdadeira mãe preferia entregar seu filho a vê-lo morto. Brandindo a espada brilhante, ele disse: "Divide a criança viva em duas, e dê metade a cada uma." Ao ouvir isso, a mulher cujo filho estava vivo, gritou com terror e piedade: "Eu te suplico, meu senhor, dá-lhe a criança viva, e não a mates!"

Mas a outra disse: "Não seja nem meu nem teu, mas deixa ser dividido."

Então o rei ordenou que a criança fosse dada àquela que preferia entregá-la do que a matar, sabendo que ela deveria ser a mãe. O ponto da história é que a inveja, que é tão ciumenta do bem do outro, que pode chegar a não haver escrúpulos de tirar uma vida.

Nos nossos tempos, a inveja assumiu uma forma económica. A avareza dos ricos está a ser correspondida com a inveja dos pobres. Alguns pobres odeiam os ricos, não porque roubaram injustamente os seus bens, mas porque querem os seus bens. Certos dos que *'não têm'*, se escandalizam com a riqueza dos *'que têm'*, apenas porque são tentados pela cobiça dos seus bens.

Os Comunistas odeiam os capitalistas apenas porque eles próprios querem ser capitalistas; invejam os ricos, não pela sua necessidade, mas por causa da sua ganância.

Combinado com isso é a inveja social, ou esnobismo, que zomba da posição mais alta dos outros porque os esnobes querem sentar-se nas suas cadeiras, e desfrutar dos seus aplausos.

Assumem que, ao não chegarem a tal favor popular, foram privados do que lhes era devido. É por isso que odiamos aqueles que não prestam atenção suficiente a nós, e porque amamos aqueles que nos lisonjeiam.

Se a inveja está aumentando hoje, como sem dúvida é o caso, é por causa da renúncia à crença de uma vida futura, e da justa Justiça Divina. Se esta vida é tudo, eles acham que devem ter tudo. A partir daí, a inveja torna-se a sua regra de vida.

Nosso Senhor era incessante na Sua pregação contra a inveja. Aos que tinham inveja da misericórdia estendida às ovelhas perdidas, Ele retratou os anjos do Céu, regozijando-se mais com um único pecador fazendo penitência do que com os noventa e nove justos que não precisavam de penitência. Aos que tinham inveja da riqueza, Ele advertiu: "Não coloqueis sobre vós mesmos tesouros na Terra: onde a ferrugem e a traça consomem, e onde os ladrões invadem e roubam. Mas colocai para vós mesmos tesouros no Céu, onde nem a ferrugem nem a traça consomem, e onde os ladrões não arrombam, nem roubam."

Àqueles que tinham inveja do poder, como os Apóstolos que brigavam pelo primeiro lugar, Ele colocou uma criança no meio deles e, "abraçando-os", fez lembrar que o Céu estava aberto apenas para aqueles que eram como criancinhas simples, pois Cristo não está no grande, mas no pequeno: "Todo aquele que receber uma criança como esta em meu nome, recebe-me. E todo aquele que me receber, não me recebe, mas recebe aquele que me enviou."

Mas a Sua pregação contra a inveja não o salvou dos invejosos. Pilatos tinha inveja do Seu poder; Anás tinha inveja da Sua inocência; Caiaphas tinha inveja da Sua popularidade; Herodes tinha inveja da Sua superioridade moral; os Escribas e Fariseus tinham inveja da Sua sabedoria. Cada um deles tinha construído a sua sede de julgamento de falsa superioridade moral, a partir da qual sentenciaram a Moralidade à Cruz. E para que Ele não fosse somente mais uma pessoa a ser invejada, eles O reputaram com os ímpios.

Nascido entre um boi e um jumento, agora o crucificam entre dois criminosos. Esse foi o último insulto que lhe puderam dar.

Perante o público, eles criaram a impressão de que três ladrões e não dois, estavam de silhueta contra o Céu. De um certo sentido, era verdade: dois roubaram ouro por avareza; roubou-se corações por amor. '*Salvandus*, *Salvator* e *Salvatus*': O ladrão que poderia ter sido salvo, o ladrão que foi salvo, e o Salvador que os salvou. As cruzes soletravam as palavras: Inveja, Misericórdia e Piedade.

O ladrão à esquerda da Cruz, invejava o Poder reclamado por Nosso Senhor. Enquanto os principais sacerdotes, escribas e antigos ridicularizavam o Salvador, zombando: "Ele salvou os outros – mas não Se pode salvar", o ladrão à esquerda acrescentou às suas injúrias: "Se tu és Cristo, salva-te, e nós também." Por outras palavras: "Se eu tivesse esse teu poder, esse poder que você reivindica como o Messias, eu o usaria de uma maneira diferente do que pendurar indefeso em uma árvore. Eu desceria da cruz, feriria os meus inimigos e provaria o que realmente é o poder."

Desta maneira, a Inveja demonstrou que, se tivesse os dons que inveja nos outros, usaria-os indevidamente, pois o ladrão da esquerda teria renunciado a redenção do pecado para se libertar de um prego. Da mesma forma, muitos no mundo de hoje que têm inveja da riqueza, provavelmente perderiam as suas almas se tivessem essa riqueza. A inveja nunca pensa nas responsabilidades. Ao olhar apenas para si mesmo, abusa de cada dom que vem no seu caminho.

    A piedade tem um efeito bem diferente na alma. O ladrão à direita não tinha inveja do Poder do Mestre, mas sim tinha pena pelos sofrimentos do Mestre. Repreendendo o seu companheiro à esquerda, o bom ladrão disse: "Nem temes a Deus, vendo-te sob a mesma condenação? E nós, de fato, justamente, porque recebemos a devida recompensa dos nossos atos; mas este homem não fez mal algum."

    Não havia nele uma faísca de inveja. Ele não queria nada do mundo, nem mesmo ser afastado da companhia trágica da Sua Cruz. Ele não tinha inveja do Poder de Deus, pois Deus sabe melhor o que fazer com o Seu Poder. Ele não tinha inveja dos seus semelhantes, pois eles não tinham nada de valor para dar.

Por isso, lançou-se sobre a Providência Divina e pediu apenas perdão: "Senhor, lembra-te de mim quando entrares no Teu reino." Um moribundo pediu a vida a um Moribundo; um homem sem posses pediu a um Pobre que lhe desse um Reino; um ladrão à porta da morte, pediu para morrer como ladrão, e roubar o Paraíso. E porque de nada tinha inveja, recebeu tudo: "Amém, digo-te, hoje estarás comigo no Paraíso."

Poder-se-ia pensar que a primeira alma comprada ao balcão do Calvário pelas moedas vermelhas da redenção, teria sido um santo. Mas no plano Divino, é um ladrão que rouba esse privilégio, e marcha para o Paraíso como escolta do Rei dos Reis.

Aprendemos duas lições através desta Segunda Palavra da Cruz. A primeira é que a inveja é a fonte dos nossos julgamentos errados sobre os outros. Se tivermos inveja dos outros, é muito provável que nove vezes em cada dez vezes, julgamos mal o seu caráter.

Por invejar o Poder de Nosso Senhor, o ladrão da esquerda O julgou mal, e perdeu tanto a Divindade do Salvador, quanto a sua própria salvação. Ele argumentou falsamente que o Poder deveria ser sempre usado da maneira que ele o teria usado, ou seja, para transformar pregos em botões de rosa, uma cruz num trono, sangue em púrpura real, e as lâminas da grama na encosta em baionetas de aço ofensivo.

Na história do mundo, ninguém jamais esteve tão perto da Redenção e, no entanto, nunca ninguém a perdeu tanto de longe. A sua inveja fê-lo pedir a coisa errada; pediu para ser retirado da cruz, no momento quando devia ter pedido para ser erguido com a cruz. Faz-nos pensar o quanto a inveja de Herodes resultou num julgamento igualmente falso: massacrou os Inocentes, porque pensou que o Menino Rei veio destruir um reino terrestre, mas veio apenas para anunciar um reino celestial.

Assim é conosco. Maledicências, calúnias, falsos julgamentos, todos nascem da nossa inveja. Dizemos: "Oh, ele é ciumento" ou "ela é ciumenta"; mas como sabemos que ele ou ela é ciumento, a menos que nós mesmos tenhamos sentido assim? Como saber se os outros estão agindo com orgulho, a menos que saibamos como o orgulho se afirma? Toda palavra de inveja é baseada num falso juízo da nossa própria superioridade moral. Sentarmo-nos em julgamento faz-nos sentir que estamos acima daqueles que são julgados, e mais justos e mais inocentes do que eles.

Acusar os outros é dizer: "Não sou assim." Ter inveja dos outros é dizer: "Você roubou o que é meu." A inveja da riqueza alheia resultou no erro grosseiro, de que a melhor maneira de acabar com o seu abuso nas mãos dos ricos é desapropriá-los violentamente, para que os desapropriadores, por sua vez, possam desfrutar do seu abuso.

A inveja do poder político alheio, deu origem à filosofia errônea de que até mesmo os governos podem ser derrubados, se a violência organizada for suficientemente forte para fazê-lo.

A inveja torna-se, assim, negação de toda a justiça e amor. Desenvolve um cinismo nos indivíduos, a ponto de destruir todos os valores morais, pois, ao levar os outros à falência, nós mesmos ficamos falidos. A inveja em grupos, produz um engano que oferece a mão feliz do acolhimento àqueles que divergem, apenas até serem suficientemente fortes para cortá-la.

Uma vez que a inveja está tão desenfreada no mundo de hoje, é extremamente bom conselho não acreditar 99/100 por cento das declarações perversas que ouvimos sobre os outros. Pense no quanto o ladrão da direita teve que descontar para chegar à verdade. Teve de desacreditar no julgamento de quatro juízes invejosos, na loucura de escribas e antigos invejosos, nas declarações blasfemas dos curiosos que adoravam assassinatos, e nas provocações invejosas do ladrão da esquerda, que estava disposto a perder a alma se pudesse manter os dedos ágeis para mais roubos.

Mas se tivesse tido inveja do poder do Senhor, nunca teria sido salvo. Encontrou a paz por não ter acreditado nos invejosos escandalosos. Também encontramos a paz através da mesma incredulidade.

As chances são de que, por trás de cada comentário cortante e sussurro farpado que ouvimos sobre o nosso vizinho, há um pouco de ciúme, um pouco de inveja. É sempre bom lembrar que há sempre mais paus debaixo da árvore que dá mais maçãs. Deve haver algum consolo para aqueles que são injustamente atacados, ao lembrar que é uma impossibilidade física de um homem poder nos ultrapassar, se está sempre por detrás a nos querer chutar.

Uma segunda lição a aprender com esta Palavra, é que a única maneira de vencer a inveja é, como o ladrão à direita, por mostrar piedade. Como Cristãos de boa fé, somos todos membros do Corpo Místico de Cristo e devemos, portanto, amar-nos uns aos outros como Cristo nos amou.

Se o nosso braço sofre uma lesão, todo o nosso corpo sente a dor. Da mesma maneira, se a Igreja, por qualquer parte do mundo, sofre o martírio, devemos sentir piedade dela como parte do nosso corpo, e essa piedade deve expressar-se pela oração, e nas boas obras. A piedade deve ser oferecida não só àqueles que, fora da Igreja, vivem como se a Terra nunca tivesse trazido uma cruz, mas também aos inimigos da Igreja que destruiriam até mesmo a sombra da Cruz. Deus é o seu Juiz; nós não.

E como potenciais irmãos de Cristo, filhos de um Pai Celestial e filhos de Maria, devem valer a nossa piedade, pois o Sangue do Salvador valeu por eles. Infelizmente, há alguns que culpam a Igreja por receber grandes pecadores quando nos seus leitos de morte.

Alguns anos atrás, um indivíduo que geralmente se acreditava ser bandido e assassino, encontrou a morte às mãos dos seus companheiros criminosos. Alguns minutos antes de morrer, pediu para ser recebido na Igreja, foi batizado, recebeu a Primeira Comunhão, foi ungido e recebeu a última bênção. Alguns, que deviam saber melhor, protestaram contra a Igreja. Imagine! Inveja pela salvação de uma alma!

Por que antes não se regozijar com a Misericórdia de Deus, pois afinal não pertencia à mesma profissão que o ladrão da direita? – e Nosso Senhor, não deve Ele estar tão ansioso para salvar os ladrões do século XX como os ladrões do primeiro século? Ambos têm almas. Parece que a inveja pecaminosa da salvação de um ladrão é maior pecado do que o roubo.

Um ladrão foi salvo: portanto, que ninguém se desespere; o outro ladrão perdeu-se, portanto, ninguém pode ter presunção. Tem piedade, pois, dos miseráveis, e a Misericórdia Divina será a recompensa da tua piedade. Quando os Fariseus acusaram Nosso Senhor de comer com publicanos e pecadores, Ele retrucou, reiterando que é necessário ter misericórdia: "Os sãos não precisam de médico, mas os doentes sim. Agora vai e aprende o que isso significa: *misericórdia e não sacrifício*. Porque não vim para chamar os justos, mas os pecadores." (Marcos 2:17)

Um dia, uma mulher foi ver o Padre João Maria Vianney, o Cura de Ars, na França, e disse: "O meu marido não frequenta os sacramentos nem vai à missa há anos. Ele tem sido infiel, perverso e injusto. Ele caiu há pouco da ponte e morreu afogado – uma dupla morte de corpo e alma." O Cura respondeu: "Minha Senhora, há uma curta distância entre a ponte e a água, e é essa distância que nos proíbe de fazer julgamento."

Foi apenas aquela distância entre as duas cruzes que salvou o ladrão penitente. Se o ladrão da direita tivesse sido hipócrita, ele teria desprezado Jesus e perdido a sua alma. Mas por estar consciente do seu próprio pecado, deixou espaço para o Perdão Divino.

E a resposta do Redentor ao seu pedido prova que, para os misericordiosos, o amor é cego – pois se amarmos a Deus e ao próximo, possivelmente um inimigo nosso, o Amor Divino ficará cego como fez com o ladrão à direita. Cristo já não poderá ver as nossas falhas, e essa cegueira será para nós a aurora da visão do Amor.

O LADRÃO PENITENTE

«Conta, ladrão ousado, mas abençoado,
Que num instante
Escorregaste para o Paraíso,

E em pleno dia
Roubaste o Céu.
Que truque podias inventar
Para realizares a tua intenção?
Quais braços?
Quais encantos?
«Amor e crença.»

INVEJA

Conta, ladrão ousado, mas abençoado,

Como poderias ler
Uma coroa sobre aquela cabeça?
Que texto, que brilho –
Um reino e uma cruz?
Como poderias vir espionar
Deus, naquele homem para morrer?
Qual luz?
Qual visão?

A visão da tristeza —
Vislumbro a dor de Deus;
E por essa visão
Eu vi a luz,

Assim a minha dor,
Gerou alívio.
De mim aprende esta lição,
Tem pena d'Ele, e Ele terá piedade de ti.
Aplica isto,
Nunca falha,
O Céu pode ser roubado novamente.»

Anônimo

LUXÚRIA

*" Mulher, eis aí o teu filho.
... eis a tua mãe."*

A LUXÚRIA É UM AMOR DESMEDIDO pelos prazeres carnais. A palavra importante aqui é *desmedida*, pois foi o próprio Deus Todo-Poderoso que associou o prazer à carne. Ele atribuiu prazer ao comer para que não fôssemos negligentes em nutrir, e preservar nossas vidas individuais; Ele associou o prazer ao ato conjugal para que marido e mulher não fossem negligentes nas suas obrigações sociais de propagar a humanidade, e criar filhos para o Reino de Deus.

O prazer torna-se pecaminoso naquele ponto em que, em vez de usá-lo como 'meio', começamos a usá-lo como 'fim'. Comer por comer é pecado, porque comer é um meio para atingir um fim: a saúde. A luxúria, da mesma forma, é egoísmo ou o amor pervertido.

    Não olha tanto para o bem do outro, mas para o prazer de si mesmo. Quebra o copo que segura o vinho; quebra o alaúde para fisgar a música. Subordina o outro a si mesmo em nome do prazer. Ao negar a qualidade da "alteridade", procura fazer com que o outro cuide de nós, mas não nos faça cuidar do outro.

    Vivemos hoje aquilo que se poderia chamar uma era de carnalidade. Na medida em que relaxamos o apelo àquilo que pertence ao espírito, as exigências carnais aumentam. Vivendo menos para Deus, a natureza humana começa a viver apenas para si mesma, pois "nenhum homem pode servir a dois senhores: ou odiará um e amará o outro: ou sustentará um e desprezará o outro." (Mateus 6;24)

    Encontramos nesta era da carnalidade, uma tendência peculiar, de igualar a perpetuidade do casamento ao prazer carnal, de maneira que, quando o prazer termina, presume-se que o vínculo está automaticamente dissolvido. Na América, por exemplo, há mais de um divórcio para cada

quatro casamentos – uma indicação do quanto deixamos de ser uma nação Cristã, e do quanto nos esquecemos das palavras de Nosso Senhor: "O que Deus uniu, que ninguém separe."
O aspecto lamentável de tudo isto é que, com este aumento do pecado, há uma diminuição do sentido do pecado. As almas pecam mais, mas pensam menos nisso. Tendo perdido os olhos, já não querem ver. Tal como os doentes que estão moribundos a ponto de não desejar melhoras, os pecadores tornam-se tão calejados que não têm anseio pela redenção. No fim, o único prazer que lhes resta é zombar de quem o faz.

Os puros nunca dizem que a castidade é impossível, mas apenas os impuros. Julgamos os outros por nós mesmos, e atribuímos aos outros os vícios dos quais nos recusamos de abster.

Deve ser feita alguma reparação pelo pecado da luxúria que, nos tempos do Antigo Testamento, se tornou tão hediondo para Deus que Ele não teria destruído as cidades de Sodoma e Gomorra se tivesse lá encontrado dez justos.

Nosso Senhor começou a reparação no primeiro momento da Sua Encarnação, pois Ele escolheu nascer de uma virgem. Por que escolheu Ele transcender as leis da natureza? A resposta é muito simples. O Pecado Original foi propagado a todos os seres humanos, desde Adão até esta hora, com exceção de Nossa Senhora. O prolongamento desta nódoa na natureza humana ocorre através do ato carnal, do qual o homem é o princípio ativo, pois o homem era o chefe da raça humana. Toda vez que há geração de um ser humano por outro, através da união do homem e da mulher, há a propagação do pecado original.

Ao tornar-se homem, a Segunda Pessoa da Santíssima Trindade deu solução a este mistério: como tornar-se homem sem ao mesmo tempo tornar-se homem pecador, isto é, infectado pelo pecado de que toda a carne é herdeira? Como tornar-se homem sem herdar o pecado original? Ele tinha que ser um verdadeiro homem para sofrer pelo homem, mas para redimir o homem do pecado, não poderia ser um homem pecador. Como poderia ser Ele ao mesmo tempo homem, mas sem pecado?

Ele poderia ser homem por ter nascido de uma mulher; Ele poderia ser um homem sem pecado, sem pecado original, dispensando o homem como princípio ativo da geração — em outras palavras, por ter nascido de uma virgem. Foi assim que, quando o Anjo Gabriel apareceu a Maria e lhe disse que devia conceber o Messias cujo nome se chamaria Jesus, ela respondeu: "Como se fará isso, visto que eu não conheço varão?"(Lucas 1:34) Ela tinha feito o voto de virgindade, e pretendia cumpri-lo.

O Anjo respondeu que a conceção do Filho do Homem ocorreria sem o homem, pelo poder do Espírito Santo, que a ofuscaria. Tendo a certeza da sua perpétua virgindade, aceitou a maternidade de Deus incarnado. "Seja feito a mim, segundo a tua palavra." (Lucas 1:38)

Foi assim que a reparação pelos pecados da carne começou no primeiro momento da Encarnação, através do Nascimento Virgem. Esse mesmo amor que manifestou pela virgindade, no início, ressoou no primeiro sermão da sua vida pública: "Bem-aventurados os limpos de coração, porque eles verão Deus." (Mateus 5:8)

Mais tarde, aos Escribas e Fariseus que procuravam difamar o seu bom nome, desafiou-o a encontrar qualquer coisa impura na sua vida: "Quem de vós me condenar de pecado?" (João 8:46)

A expiação e reparação final é feita no Calvário, onde, em reparação por todos os desejos e pensamentos impuros dos homens, Nosso Senhor é coroado com espinhos; onde, por reparação de todos os pecados da vergonha, Ele é despojado das Suas vestes; onde, por reparação de todas as concupiscências da carne, Ele está quase despojado da sua carne, pois, de acordo com a Sagrada Escritura, os próprios ossos do seu corpo poderiam ser contados.

Estamos tão acostumados a olhar para crucifixos artísticos de marfim, e belas imagens nos nossos livros de oração, que pensamos em Nosso Senhor Santíssimo como estando inteiro na Cruz. O fato é que Ele fez tal reparação pelos pecados da carne que o Seu Corpo foi rasgado, o Seu Sangue derramado, e a Escritura se refere a Ele na Cruz como um leproso, como alguém atingido por Deus e afligido, de tal maneira que "não tinha parecer nem formosura; (...) nenhuma beleza víamos, para que o desejássemos." (Isaías 53:2)

Nosso Senhor escolheu ir ainda mais longe na reparação dos pecados da luxúria, despojando-se das duas reivindicações mais legítimas da carne. Se alguma vez houve uma reivindicação pura e legítima no reino carnal, foi a reivindicação do amor da própria Mãe. Se há algum título honesto para o afeto no universo da carne, são os laços de amor que ligam alguém a um semelhante. Mas a carne foi tão mal utilizada pelo homem, que Nosso Divino Salvador renunciou até mesmo a esses laços legítimos humanos, como expiação dos ilegítimos.

Ele tornou-se totalmente 'descarnado', a fim de expiar o abuso da carne, dando a Sua Mãe e Seu melhor amigo. Assim, à sua própria Mãe, Ele olha e despede-se: "Mulher, eis aí o teu filho", e ao seu melhor amigo Ele olha e despede-se novamente: "Eis a tua mãe."

Quão diferente do mundo! Uma mãe priva o seu filho de uma educação avançada no estrangeiro, quando diz: "Não posso deixar o meu filho"; ou uma esposa priva o marido de um bom progresso material através de uma curta ausência, com: "Não posso deixar o meu marido." Estes não são os gritos de amor nobre, mas de apego. Nosso Senhor não disse: "Não posso deixar a Minha Mãe." Ele a deixou. Ele a amou o suficiente para entrega-la no seu plano e destino de vida, isto é, ser a *nossa* Mãe.

Aqui estava um amor suficientemente forte para se esquecer de si mesmo, a fim de que nunca faltasse amor aos outros. Ele fez o sacrifício da Sua Mãe para que pudéssemos tê-la; feriu-Se como o pelicano, para que nos alimentássemos da sua maternidade. Maria aceitou a pobre troca para realizar a obra redentora do seu Filho. E o egoísmo morreu naquele momento em que Jesus entregou até mesmo as reivindicações legítimas carnais, e nos deu o Seu melhor amigo, João, e a Sua Mãe, Maria.

Duas lições a aprender desta Terceira Palavra da Cruz:

1 — A única verdadeira fuga às exigências carnais é encontrar algo mais do que a carne

para amar, e 2 — Maria é o refúgio dos pecadores.

Se alguma vez pudéssemos encontrar algo que amássemos mais do que a carne, as exigências carnais seriam menos imperativas. Esta é a 'fuga' que uma mãe oferece ao seu filho quando diz: "Não faças nada de que a tua mãe se envergonhe." Se houver esse amor maior pela mãe, a criança terá sempre um sentimento consagrado de afeto, algo pelo qual estará disposto a fazer sacrifícios.

Quando uma mãe faz tal apelo ao seu filho, está apenas a repetir a lição do Salvador, que, ao dar-nos a sua Mãe como nossa Mãe, disse como equivalente: "Meus filhos, nunca façam nada de que a vossa Mãe se envergonhe." Se uma alma amar essa Mãe, amará o seu Divino Filho Jesus, que, para satisfazer o prazer ilícito carnal, nos entregou o Seu último e legítimo apego – Sua Mãe.

A psicologia deste entusiasmo por um amor superior a Jesus e Maria, como fuga aos vínculos ilícitos carnais, é esta: através dela, evitamos a concentração indevida nos amores inferiores e nas suas explosões. Se pensar só na sua boca por cinco minutos, terá uma concentração indevida de saliva. Se pensar no seu coração por cinco minutos, vai acreditar que tem problemas cardíacos, embora as chances sejam nove em cada dez, que está tudo bem. Se estiver num palco e pensar nas suas mãos, vai ter a sensação de que são tão grandes como presuntos.

O equilíbrio de todo o sistema é perturbado quando um órgão é isolado da sua função no organismo, ou divorciado do seu propósito superior. Essas pessoas que estão sempre a falar, a ler e pensando sobre sexo são como cantores que pensam mais da sua laringe do que cantar. Eles dão posição superior ao que devia ser subordinado, e lhe prestam tanta importância que perturbam a harmonia da vida.

Mas suponhamos que, em vez de se concentrar só num órgão, alguém encaixasse esse órgão num padrão de vida – então todo o mal-estar acabaria. O orador habilidoso nunca sente que as suas mãos são estranhas porque, com o entusiasmo da sua palestra, ele subordina as suas mãos ao seu propósito maior.

Nosso Senhor disse praticamente a mesma coisa: "Não se preocupem, pois, dizendo: Que comeremos. Ou: que beberemos?" (Mateus 6:31) Assim é com as coisas carnais. É necessário cultivar um amor superior, um propósito de vida, uma meta de existência, um desejo de corresponder ao plano total de Deus para a nossa vida, e a paixão inferior será absorvida por isso.

A Igreja aplica esta psicologia ao voto de castidade. A Igreja pede aos seus sacerdotes e freiras, que renunciem até aos prazeres legítimos carnais, não porque não queira que eles os amem, mas porque quer que eles amem algo melhor. Ela sabe que o seu amor pelas almas será maior quando o seu amor carnal é inferior, tal como Nosso Senhor morreu na Cruz pelos homens, porque menos amou a Sua própria vida.

Também não se deve pensar no voto de castidade como um fardo. Thompson chamou-lhe uma "paixão sem paixão, uma tranquilidade selvagem," e assim é. Uma nova paixão nasce com o voto de castidade, a paixão pelo amor de Deus. É a consolação desse amor superior que torna tão fácil a entrega do amor inferior. E só quando esse amor superior se perde, é que o voto começa a pesar, assim como a honestidade pesa apenas para aqueles que perdem o sentido dos direitos dos outros.

A razão pela qual há uma degeneração na ordem moral, e uma decadência da decência é porque os homens e as mulheres perderam o amor superior. Não têm nada pelo qual fazer sacrifício, porque ignoram a Cristo, o seu Salvador, que os amou até à morte no Calvário, e Maria, que os amou até se tornar Rainha dos Mártires, debaixo daquela Cruz.

A única maneira de mostrar amor neste mundo é através do sacrifício, ou seja, a troca de uma coisa por outra. O amor está essencialmente ligado à escolha, e a escolha é uma negação, e a negação é sacrifício. Quando um jovem depõe o seu coração sobre uma jovem, e pede casamento, não está apenas a dizer "Eu te escolho"; ele também está dizendo: "Eu não escolho, eu rejeito, todas as outras. Eu desisto de todas as outras por ti." Aplicamos essa resolução ao problema da luxúria.

Se todo o amor, superior ao carnal for removido, se Deus for removido, o crucifixo, a Mãe Dolorosa, a salvação, a felicidade eterna – qual possibilidade haverá de escolha? O que se ganha ao negar as exigências imperiosas e revolucionárias carnais? Mas quando se concede às coisas Divinas, a maior alegria carnal é lançar-se sobre o altar do amado, onde aceita a sua tristeza como preço barato por troca da alegria que sente pela entrega.

Então, o seu maior desespero é de não ser necessário; quase podia encontrá-lo no seu coração para infligir uma ferida que pudesse ligar e curar. Tal é a atitude dos puros: integraram a sua carne com o Divino; sublimaram os seus desejos com a Cruz; possuindo um amor superior, fazem agora a entrega do inferior, para que a sua Mãe nunca seja envergonhada.

Maria é o refúgio dos pecadores. Ela, a Virgem Puríssima, é também o Refúgio dos Pecadores. Ela sabe o que é o pecado, não por experiência, não por ter provado arrependimentos amargos, mas por ver o que o pecado fez ao seu Divino Filho.

Ela assistiu quando a Sua carne foi rasgada e sangrou, dependurada n'Ele como raios roxos de um pôr do sol – e ao ver o quanto sofreu a Sua carne, ela veio a saber quanto pecou o homem carnal. Quando se encontrou sozinha com Ele aos pés da Cruz por três horas, teve tempo para medir a hediondez do pecado, testemunhando dolorosamente o que poderia fazer à Inocência e à Pureza.

Ela é o Refúgio dos Pecadores não só porque conhece o pecado através do Calvário, mas também porque escolheu, durante as horas mais terríveis da sua vida, um pecador convertido como o seu companheiro. A medida do nosso apreço pelos amigos é o nosso desejo de tê-los conosco no momento de maior necessidade.

Maria ouviu Jesus dizer: "As prostitutas e publicanos entrarão no Reino dos Céus antes dos Escribas e fariseus." Por isso, escolheu por companhia ao pé da Cruz, a prostituta absolvida, Madalena, O que devem ter dito os escandalosos daquele tempo, quando viram Nossa Santíssima Mãe em companhia de uma mulher de fama, que vendeu o seu corpo sem lhes dar a alma.

Naquele dia, Madalena compreendeu plenamente a razão por que Maria é o Refúgio dos Pecadores; e certamente a nossa geração também pode aprender que, se Nossa Senhora tinha Madalena como companheira, portanto, também está disposta a nos ter como companheiros.

A pureza de Maria não é uma pureza de altivez, que recolhe o manto para não ser manchada pelos pecadores; nem é uma pureza desprezível que afasta o impuro. Pelo contrário, é uma pureza irradiante, a qual não se estraga mais pela solicitude pelos caídos do que um raio de sol é manchado por uma vidraça suja através da qual derrama luz.

Não há razão de desânimo entre os caídos. A esperança é a mensagem de Gólgota. Encontre um amor mais elevado do que o carnal, um amor puro, compreensivo, redentor, e a luta será fácil. Esse amor superior encontra-Se na Cruz, e aos pés dela.

Parece que estamos quase a esquecer que a Cruz existe. Ele, Jesus Cristo, começa a se parecer mais com uma rosa vermelha, e ela, a Sua Mãe, começa a se parecer com o caule. Essa haste desce do Calvário para todos os nossos corações feridos aqui na Terra, sugando as nossas orações e petições e transmitindo-as a Ele. É por isso que as rosas têm espinhos nesta vida – para afastar toda a influência perturbadora que possa destruir a nossa união com Jesus e Maria.

AGRADECIMENTO

Se Cristo vier à Terra algum dia de verão
E andar desconhecido na nossa rua movimentada
Pergunto-me como seria se nos encontrássemos,
E sendo Deus – se Ele agia assim.

Talvez a coisa mais gentil que Ele faria
Seria só esquecer que eu deixei de rezar
E aperte a minha mão, perdoando e diga:
"Meu filho, ouvi a minha mãe falar de ti."

Mrs. Frederick V. Murphy

ORGULHO

"Meu Deus, meu Deus, por que me abandonaste?"

O ORGULHO É AMOR DESMEDIDO pela auto excelência, seja do corpo ou da mente ou do prazer ilícito que derivamos ao pensar que não temos superiores. Por ser um 'egoísmo inchado', eleva a alma humana a um centro de origem separado de Deus, exagera a sua própria importância e faz-se um mundo em si e só para si. Todos os outros pecados são ações más, mas o orgulho insinua-se até mesmo nas boas obras, para destruí-las e matá-las. Por isso, a Sagrada Escritura diz: "O orgulho precede a destruição, e um espírito de altivez a caída." (Provérbios 16:18)

O orgulho manifesta-se de muitas maneiras: *ateísmo*, que é a negação da nossa dependência de Deus, o nosso Criador e o nosso fim; *a vaidade intelectual*, que torna as mentes inapreensíveis porque pensam que sabem tudo o que há para saber; *a superficialidade*, que julga os outros pelas suas roupas, pelo seu sotaque e pela sua conta bancária; *o esnobismo*, que zomba dos inferiores como marca da sua própria superioridade, "eles não são do nosso grupo"; *vã-glória*, que leva alguns pais Católicos a recusarem-se de enviar os filhos para colégios Católicos, porque aí se associariam apenas aos filhos de carpinteiros; *a presunção*, que inclina o homem a procurar honras e cargos muito além da sua capacidade; e a *sensibilidade exagerada*, que faz o indivíduo incapaz de melhorias morais, por falta de vontade de ouvir as próprias falhas.

Pelo orgulho, Satanás caiu do Céu, e o homem caiu da graça. Pela sua própria natureza, tal auto exaltação indevida só poderia ser curada pela auto humilhação. É por isso que Aquele que poderia ter nascido num palácio junto ao Tibre, tão condizente com a Sua

Majestade como Filho de Deus, escolheu aparecer diante dos homens num estábulo, como uma criança envolta por panos.

A esta humildade do seu nascimento juntou-se a humildade da sua profissão – carpinteiro na aldeia obscura de Nazaré, cujo nome era uma censura entre os grandes. Assim como hoje há aqueles que zombam das esferas humildes da vida, também há aqueles que zombavam: "Não é este o filho do carpinteiro?" Havia também a humildade das Suas ações, pois nunca fez um milagre a Seu próprio favor, nem mesmo para providenciar um lugar para deitar a cabeça.

Demonstrou humildade de exemplo, quando na noite de Quinta-feira Santa, Aquele que é o Senhor do Céu e da terra, cinge-se com uma toalha, ajoelha-se e, com bacia e água, lava os vinte e quatro pés calejados dos seus apóstolos, dizendo: "O servo não é maior do que o seu senhor... Se Eu, sendo o vosso Senhor e Mestre, vos lavei os pés, deveis também lavar os pés uns aos outros."(João 13:14) Finalmente, havia humildade de preceito: "A menos que se convertam e se tornem como criancinhas, nunca entrarão no Reino dos Céus." (Matthew 18:3)

Mas a suprema humilhação foi o tipo de morte que Ele escolheu, pois "Ele se humilhou (...) até à morte na cruz."(Filip. 3:2) Para expiar o falso orgulho da ancestralidade, Ele põe de lado a consolação da Divindade; para o orgulho de popularidade, Ele é ridicularizado e desprezado enquanto estava pendurado e amaldiçoado numa árvore; para orgulho do esnobismo, é metido na companhia de ladrões; para o orgulho da riqueza, é-Lhe negado até mesmo a propriedade do Seu próprio leito de morte; para o orgulho carnal, foi açoitado até que "não havia beleza nele"; para o orgulho de ter amigos influentes, é esquecido, até mesmo por aqueles que curou; para o orgulho do poder, Ele torna-Se fraco e abandonado; para o orgulho daqueles que negam a Deus e à sua Fé, Ele quis sentir-se sem Deus.

Apesar de todo o egoísmo, independência falsa e ateísmo, Ele agora oferece satisfação, ao render as alegrias e consolações da Sua Natureza Divina. Os orgulhosos esquecem-se de Deus, e por essa causa, Ele permite sentir a Sua falta, e isso quebra o Seu coração com o mais triste de todos os gritos: "Meu Deus, meu Deus, por que me abandonaste?"(Mateus 27:46) Mesmo na separação houve união, mas foram palavras de desolação proferidas para que nunca ficássemos sem consolo.

Desta Palavra emergem duas lições: 1 — Não gloriar nos a nós mesmos, porque Deus resiste os orgulhosos, e 2 — Gloriar na humildade, pois a humildade é a verdade e o caminho para a verdadeira grandeza.

Por que ser orgulhosos? São Paulo faz-nos lembrar: "E que tens tu, que não tenhas recebido? E, se o recebeste, por que te glorias, como se não o tivesses recebido?" (1Cor.4:7) Será que nos orgulhamos da nossa voz, da nossa riqueza, da nossa beleza, dos nossos talentos? Mas o que são estes, senão dons de Deus, qualquer um dos quais Ele poderia revogar este segundo?

Do ponto de vista material, valemos tão pouco. O conteúdo de um corpo humano equivale a tanto ferro como há numa unha, tanto açúcar como há em dois cubos, tanto óleo como há em sete barras de sabão, tanto fósforo como há em 2200 fósforos, e tanto magnésio quanto é necessário para desenvolver uma fotografia. Ao todo, o corpo humano, quimicamente, vale pouco menos de dois dólares — "Ó por que o espírito dos mortais deveria estar orgulhoso?" (William Knox)

Mas, *espiritualmente*, valemos mais do que o universo: "Pois que aproveita o homem, ganhar o mundo inteiro se perder a sua alma? Ou, que dará o homem por recompensa da sua alma?" (Mateus 16:26)

Deus resiste aos orgulhosos. O Fariseu foi condenado, pois louvou as suas próprias boas ações na vanguarda do Templo; mas o pobre publicano nos fundos do templo, que se diz pecador e bate no peito numa prece de perdão, vai para casa justificado. As prostitutas e os publicanos, conscientes dos seus pecados, entram no reino dos Céus antes dos Escribas e Fariseus, que pensavam ser justos.

O Pai Celestial fica agradecido por esconder a Sua Sabedoria dos auto sábios e intelectuais conscientes, e por revelá-la aos simples: "Graças te dou, ó Pai, Senhor do Céu e da terra, que escondeste estas coisas dos sábios e instruídos, e as revelaste aos pequeninos." (Mateus 11:25)

De certo, qualquer pessoa que tenha tido experiência com o orgulhoso, dará testemunho da verdade desta afirmação: se a minha própria salvação eterna estivesse condicionada no salvar a alma dum orgulhoso auto sábio, ou cem dos homens e mulheres mais moralmente corruptos das ruas, eu deveria escolher a tarefa mais fácil de converter a centena. Nada é mais difícil de conquistar em todo o mundo do que o orgulho intelectual. Se os navios de guerra pudessem com ele ser forrados em vez de armaduras, nenhum projétil poderia perfurá-los.

Isto é fácil de entender, pois se um homem pensa que sabe tudo, não lhe resta nada saber, nem mesmo o que Deus pode dizer. Se a alma está cheia até a borda com o 'eu', não há lugar para Deus. Se um recipiente estiver cheio de água, não pode ser enchido com óleo ao mesmo tempo. Assim é com a alma.

Deus só pode dar a Sua Verdade e Vida àqueles que se esvaziam. Devemos criar um vácuo nas nossas próprias almas para abrir espaço para a graça. Vivemos sob a impressão de que fazemos mais do que realmente fazemos. Por exemplo, o simples fato de beber líquido por uma palha: acreditamos erroneamente que retiramos o líquido através da palha. Mas não, pois, falando estritamente, a sucção não existe. O que fizemos foi criar um vácuo; a atmosfera pressiona o líquido com um peso igual ao de um oceano cobrindo a Terra, com dez metros de profundidade. É esta pressão que empurra o líquido para cima através da palha, quando criamos o vácuo.

Assim também com a nossa vida espiritual. O bem que realizamos não é através da nossa própria ação, mas através da pressão espiritual da graça de Deus. Tudo o que temos que fazer é criar um vácuo, ou seja considerarmos como nada – e imediatamente Deus enche a alma com o Seu Poder e Verdade.

O paradoxo do apostolado é, então: quanto menos pensamos no que somos, mais bem fazemos. Foi só quando Pedro trabalhou a noite inteira e nada comeu, que Nosso Senhor encheu o seu barco com uma milagrosa captura de peixe. Quanto mais alto o edifício, mais profundo o alicerce, maior a virtude e humildade.

Os instrumentos de Deus para o bem no mundo são, por isso, apenas os humildes, reduzidos a zero, deixam espaço para o infinito, enquanto aqueles que se julgam infinitos, Deus os larga com o seu pequeno zero.

Mesmo no mundo, encontramos uma base natural para a humildade. Enquanto formos pequenos, tudo o resto parece grande. Um menino monta uma vassoura que não tem mais de um metro de comprimento e, no entanto, para ele, é um Pégaso viajando pelo espaço; ele pode ouvir os cascos batendo nas nuvens, enquanto se agarra à "juba assobiando a cada vento". Por ser tão pequeno, o seu mundo é povoado de gigantes; soldados de estanho são para ele soldados verdadeiros lutando batalhas reais, e o vermelho do tapete é o sangue do campo de batalha.

Quando se torna um homem grande, os gigantes diminuem de tamanho, os cavalos tornam-se vassouras, e os soldados são pintados de estanho, não mais do que três centímetros de altura. Na ordem espiritual, é a mesma coisa: enquanto houver um Deus mais sábio do que nós, maior do que nós, mais poderoso do que nós, então o mundo é um jardim de maravilhas.

A verdade é então, algo tão vasto que nem uma eternidade pode sondar as suas profundezas. O amor, então, é tão permanente que nem mesmo o céu pode amenizar seus êxtases. A bondade torna-se tão profunda que o agradecimento deve estar sempre nos lábios.

Mas se esquecer Deus, e fazer-se um deus, então o pouco que sabe é o seu título para a onisciência. A partir de então, os santos tornam-se para si tolos estúpidos; os mártires, 'fanáticos'; o religioso, 'parvo'; a confissão, uma 'invenção sacerdotal'; a Eucaristia, 'um vestígio do paganismo'; o Céu, uma 'fantasia infantil'; e a verdade, uma 'ilusão'. Deve ser maravilhoso saber tanto, mas deve ser terrível descobrir no fim que realmente sabe tão pouco.

A segunda lição a ser extraída desta Quarta Palavra da Cruz é que humildade é verdade. A humildade não é subestimar os nossos talentos, dons ou poderes, nem é o seu exagero. Um homem que tem dois metros de altura não é humilde se disser que tem apenas cinco metros e quatro centímetros de altura, assim como não é humilde se disser que tem apenas um metro e meio de altura. A humildade é a verdade, ou o reconhecimento dos dons como dons, dos defeitos como defeitos. A humildade é a dependência em Deus, assim como o orgulho é a independência dele.

Foi esse sentimento de independência, ou de viver sem Deus, que arrancou do coração de Nosso Senhor na Cruz este lamentável grito de abandono: "Meu Deus, meu Deus, por que me abandonaste?" A alma humilde, consciente da sua dependência em Deus, é sempre uma alma agradecida.

Quantos cantores, oradores, músicos, atores, médicos, professores já pensaram de agradecer a Deus pelos talentos especiais que os tornaram notáveis na sua profissão? Dos dez leprosos que foram curados por Jesus, apenas um voltou para agradecer. "Não foram dez limpos? e onde estão os outros nove?" Este exemplo provavelmente representa a proporção dos ingratos que não agradecem porque não são humildes.

A alma humilde evitará sempre louvar as suas próprias boas obras, anulando assim a virtude das suas obras. O auto elogio devora o mérito; e aqueles que fizeram coisas boas para serem vistos por outros, e que alardeiam as suas filantropias nos mercados, ouvirão um dia as mais tristes palavras faladas ou escritas: "Já tiveste a tua recompensa."

O homem humilde, mesmo sendo grande aos olhos do mundo, estimar-se-á menos do que os outros, pois suspeitará sempre que a grandeza interna deles pode muito ultrapassar, a sua insignificante grandeza externa. Portanto, ele não ostentará a sua superioridade acidental diante do seu semelhante, pois fazê-lo, é provar não ser verdadeiramente grande. Os homens realmente grandes são os homens humildes; eles são sempre acessíveis, gentis e compreensivos.

Os 'homenzinhos' são os que andam com o nariz no ar. O menino realmente rico não precisa usar boas roupas para impressionar os seus amigos com a sua riqueza, mas o menino pobre faz isso para criar a falsa impressão de riqueza. Assim acontece com aqueles que não têm nada na cabeça; devem estar sempre a criar a impressão do quanto sabem, dos livros que leram, e da universidade em que se formaram.

O homem erudito nunca tem que 'parecer' culto, tal como o santo nunca tem que parecer piedoso – mas o hipócrita sim. O fato de tantos homens levarem as honras a sério, mudarem as suas vozes e cultivarem poses, prova que eles nunca deveriam ter tido as honras – as honras eram grandes demais para eles. Não podiam assimilar as honras; pelo contrário, as honras os assimilaram. Em vez de usar o roxo, o roxo usa-os.

Uma esponja pode absorver tanta água e não mais; um personagem pode absorver tantos elogios e não mais; o ponto de saturação é atingido quando a honra deixa de fazer parte dele, e começa a ficar para fora como um polegar dolorido. Os verdadeiramente grandes são como São Filipe Neri que, um dia, vendo um criminoso a ser levado para a prisão, disse: 'Lá vai Filipe Neri, exceto pela graça de Deus."

Suponhamos que começámos a ser humildes e a estimar os outros, pelo menos não menos do que nós próprios. Suponhamos àqueles que nos feriram com seus dardos caluniosos, respondemos: "Pai, perdoa!" Suponhamos que para aqueles que nos classificaram como ladrões, nós fizemos o melhor da situação, e os convertemos dizendo: "Este dia, Paraíso." Suponhamos que daqueles que nos envergonharam diante de parentes, como Jesus foi envergonhado diante da Sua Mãe, fizemos um novo amigo para a nossa Mãe celestial: "Eis aí o teu filho!" Suponhamos que aos que estão abaixo de nós, em dignidade mundana, nos humilhemos e lhes peçamos uma bebida: "Tenho sede!"

Suponhamos que começámos a ser verdadeiros e a estimar mo-nos no nosso real valor. Se fizéssemos essas coisas por apenas uma hora, revolucionaríamos o mundo por completo. Não é preciso procurar um exemplo, pois temos diante dos olhos Aquele que se humilhou até à morte na Cruz, que entregou a consolação Divina, sendo O Poder vestiu os trapos da fraqueza e da Força, cingiu-se de abandono e, sendo Deus, parecia estar sem Deus.

E por que fez isso? Porque temos tentado levar as nossas vidas sem Deus – ser independentes. Ao escolher a humilhação da Cruz em reparação do orgulho, Ele nos leva novamente à história de Davi e Golias.

Golias era um grande gigante, vestido com uma armadura de aço, e carregava na mão uma espada poderosa. Davi era o pastor, sem aço defensivo, e sem outra arma além dum cajado, e cinco pedras pequenas. Golias desprezou-o, dizendo: "Sou eu um cão, que venhas a mim com um cajado?" Davi respondeu humildemente, não confiando no seu próprio poder: "Venho a ti em nome do Senhor..." Todos conhecem o resultado. O rapaz com uma pedra só, matou o gigante com a armadura e a espada.

A vitória de Davi simboliza a realidade da Sexta-Feira Santa. O orgulho é Golias. Nosso Senhor é o humilde Davi que vem matar o orgulho com a vara da Sua Cruz, e cinco pedras pequenas– cinco feridas, nas mãos, nos pés e no lado. Sem outra arma além destas Cinco

Chagas, e do bastão da Cruz, obtemos vitórias sobre o Golias do orgulho, no campo de batalha da nossa alma.

Para os mundanos, elas parecem inaptas para a batalha, e impotentes para vencer, mas não, se entendermos o plano de Deus desde o princípio, que: ". . . Deus escolheu as coisas tolas do mundo para confundir os sábios, e as coisas fracas do mundo Deus escolheu para confundir os fortes." (1 Coríntios 1:28) Foi com uma cruz, e a cabeça coroada com espinhos que Deus ganhou o dia. Como diz Oscar Wilde:

Ó boca ferida! Ó testa coroada de espinhos! Ó cálice de todas as misérias comuns!
Tu, por amor de nós, que não Te amamos, suportaste
Uma agonia de séculos sem fim.
E nós sendo vaidosos e ignorantes nem sabíamos
Que quando esfaqueamos o Teu coração, na realidade foram os nossos verdadeiros corações que matámos.
Sendo nós mesmos os semeadores e as sementes,
A noite que cobre e as luzes que se apagam,

VITÓRIA SOBRE VICE

A lança que perfura e o lado que sangra,
Os lábios traindo, e a vida traída.
A profundeza tem calma: a lua tem descanso,
mas nós
Os senhores deste mundo, somos ainda o nosso
pior inimigo.

Não, não, somos apenas crucificados, e embora
O suor sangrento cai como chuva, sobre as
nossas sobrancelhas,
Solta os pregos– desceremos, eu sei,
Estanca as feridas vermelhas – estaremos
inteiros de novo,
Não precisamos de vara encharcada de hissopo,
O que é puramente humano, que é semelhante a
Deus, que é Deus.

Óscar Wilde

GULA

"Tenho sede."

A GULA É UMA indulgência excessiva de comida ou bebida, e pode se manifestar ao tomar mais do que necessário, ou ao tomar na hora errada, ou muito luxuosamente. É pecaminoso, porque a razão exige que a comida e a bebida sejam tomadas para as necessidades e conveniências da natureza, não apenas para dar prazer.

O Evangelho descreve Dives como culpado desse pecado. Não há nenhuma menção na história, dada por Nosso Senhor Abençoado de que Dives era um homem mau. Não temos registro de que tenha mal pago os seus servos, ou de ter sido culpado de qualquer corrupção moral. Nosso Senhor nos dizia apenas que Ele estava "vestido de púrpura e linho fino, e banqueteava-se sumptuosamente todos os dias."

E havia um certo mendigo chamado Lázaro, que se deitava à sua porta cheio de feridas, desejando encher-se com as migalhas que caíam da mesa do rico, e ninguém lhe dava nada; além disso, os cães vinham e lambiam as suas feridas. E aconteceu que o mendigo morreu, e foi levado pelos anjos para o pai Abraão. E o rico também morreu, e foi enterrado no inferno. E quando estava em tormentos, levantou os olhos e viu Abraão ao longe, e Lázaro no seu peito. E clamou dizendo: "Pai Abraão, tem piedade de mim, e envia Lázaro, para que mergulhe a ponta do dedo em água, para arrefecer a minha língua; porque estou atormentado nestas chamas."

E Abraão disse-lhe: "Filho, lembra-te de que recebeste coisas boas durante a tua vida, e Lázaro coisas más, mas agora ele está consolado, e tu estás atormentado. E além de tudo isto, entre nós e vós, fixa-se um grande caos: de maneira que ninguém pode passar para vós, nem de lá para cá."

E disse: "Então, pai, suplico-te que o envies para a casa do meu pai, porque tenho cinco irmãos, para que testifique a eles, para que não entrem também neste lugar de tormentos." E Abraão disse-lhe: "Eles têm Moisés e os profetas; deixem-nos ouvi-los." Mas ele continuou: "Não, Pai Abraão; mas, se alguém dos mortos fosse lá, eles fariam penitência." E Abraão respondeu: "Se não ouvirem Moisés e os profetas, também não crerão, mesmo se alguém ressuscitar dos mortos."

Se há algum indício melhor do que outro, da atual degenerescência da sociedade, é o excesso de luxo no mundo moderno. Quando os homens começam a esquecer as suas almas, começam a cuidar muito bem dos seus corpos. Há mais clubes de atletismo no mundo moderno do que casas de retiros espirituais; e quem pode contar os milhões gastos nos salões de beleza, para glorificar rostos que um dia serão presas de vermes.

Não é nada difícil encontrar milhares de pessoas que passam duas ou três horas por dia a fazer exercício, mas se lhes pedirmos que dobrem os joelhos a Deus em cinco minutos de oração, começam a protestar que é demasiado longo. Soma-se a isso a quantidade chocante que é gasta anualmente, não no prazer normal de beber, mas no seu excesso.

O escândalo aumenta quando se consideram as necessidades básicas dos pobres que poderiam ter sido supridas pelo valor gasto para tal desumanização. O julgamento de Deus sobre o homem rico Dives, está fadado a ser repetido sobre muitos da nossa geração, que vão descobrir que os mendigos, para cujo serviço eles se recusaram a interromper a sua vida de luxo, estarão sentados no Banquete do Rei dos Reis, enquanto eles, como Dives, irão mendigar por apenas uma gota de água.

Alguma reparação teve de ser feita pela gula, embriaguez e luxo excessivo. Essa reparação começou com o nascimento de Nosso Senhor, quando Aquele que poderia ter derrubado os céus para o topo da sua casa, e as estrelas para os seus candelabros, escolheu ser rejeitado pelos homens, e conduzido como um proscrito, para uma caverna nas encostas da menor cidade de Israel.

O primeiro sermão que pregou foi um apelo ao desapego: "Bem-aventurados os pobres de espírito, porque deles é o Reino dos Céus."(Mateus 5:3) Nosso Senhor iniciou a Sua vida pública por jejuar quarenta dias, e ordenou aos homens: "Não sejas solícito pela vida, para o que vais comer, nem para o teu corpo, para o que irás vestir.'(Mateus 6:25)

Viajando como profeta itinerante, admitiu que era tão sem-abrigo como no seu nascimento, e que os animais e as aves tinham melhor habitação do que Ele: "As raposas têm buracos, e as aves do céu, ninhos; mas o Filho do Homem não tem onde repousar a cabeça." (Mateus 8:20) Não jantava luxuosamente, pois sabemos de uma só refeição que Ele mesmo preparou, e consistiu apenas de pão e peixe.

Finalmente, na Cruz, Ele foi despojado das Suas vestes, e negado um leito de morte, a fim de sair do Seu próprio mundo como nele entrou: Senhor dele, mas nada possuindo. As águas do mar eram Suas, e todas as fontes da terra tinham surgido à Sua palavra; foi Ele quem levantou o ferrolho das cascatas da Natureza e com portas, fechou os mares; foi Ele que disse: "Quem beber desta água voltará a ter sede; mas aquele que beber da água que Eu lhe der, nunca terá sede; porque a água que Eu lhe der se fará nele uma fonte de água a jorrar para a vida eterna."(João 4:14) "Se alguém tiver sede, venha a mim e beba."

Mas agora deixa cair dos seus lábios o mais curto dos sete gritos da Cruz, aquele que exprime o mais agudo de todos os sofrimentos humanos, em reparação por aqueles que já se fartaram: "Tenho sede."

Um soldado imediatamente colocou uma esponja cheia de vinagre num pau, e pressionou-a até à boca. Assim se cumpriu a profecia proferida mil anos antes, pelo salmista: "Na minha sede, deram-me vinagre para beber."

Aquele que alimentou as aves do céu fica sem alimento; Aquele que transformou água em vinho agora tem sede; as fontes eternas estão secas; o Deus-homem é pobre. O 'Divino Lázaro' está à porta do mundo, e implora por uma migalha c uma gota, mas a porta da generosidade está fechada no Seu rosto.

Assim foi feita a reparação pelo luxo de comer e beber. Quando Mirabeau estava a morrer, pediu ópio, dizendo: "Você prometeu me poupar de sofrimento desnecessário... Apoie esta cabeça, a maior cabeça da França." Quando Cristo estava a morrer, Ele recusou a droga para aliviar o Seu sofrimento. Ele deliberadamente quiz sentir a mais pungente das necessidades humanas, para poder equilibrar a balança da justiça, por aqueles que tinham mais do que precisavam.

Ele até se fez o menor de todos os homens, pedindo-lhes uma bebida – não por uma bebida de água terrena. Não era isso que Ele queria, mas uma bebida para saciar o seu coração sedento – uma bebida de amor: *tenho sede de amor*.

Esta palavra da Cruz revela que há uma dupla fome e uma dupla sede: uma do corpo, outra da alma. Nosso Senhor tinha feito essa distinção em muitas ocasiões anteriores: "Ai de vós os que estais fartos, porque tereis fome. Ai de vós que agora ri, porque chorareis e chorareis." "Bem-aventurados vós que agora tendes fome, porque sereis fartos. Bem-aventurados vós que agora chorais, porque haveis de rir." (Lucas 6:21)

Então, à multidão que O seguiu através do mar, à procura de pão, Ele disse: "Trabalhai não pela comida que perece, mas pela que o Filho do Homem vos dará, que permanece até à vida eterna." (João 6:27)

À Samaritana, que veio tirar água do poço de Jacó, Ele predisse: "Quem beber desta água voltará a ter sede; mas aquele que beber da água que Eu lhe darei, não terá sede para sempre: pois a água que eu lhe darei, tornar-se-á nele uma fonte de água, brotando para a vida eterna."(João 4:14) Mas, acima de todas as outras referências ao alimento e à bebida do homem exterior, em contraste com a do homem interior, Ele prometeu o alimento supremo de Si mesmo: "Porque a minha carne verdadeiramente é comida, e o meu sangue verdadeiramente é bebida." (João 6:55)

É à luz desta dupla fome e sede de corpo e alma, que torna clara a distinção entre dieta e jejum. A Igreja jejua; fazer dietas pertence ao mundo. Materialmente não há diferença, pois uma pessoa pode perder vinte quilos de uma maneira ou outra. Mas a diferença está na intenção.

O Cristão jejua não por causa do corpo, mas por causa da alma; o pagão jejua não por causa da alma, mas por causa do corpo. O Cristão não jejua porque crê que o corpo é perverso, mas sim para torná-lo maleável nas mãos da alma, como uma ferramenta nas mãos de um operário habilidoso.

Isso leva-nos ao problema básico da vida. Será que a alma é a ferramenta do corpo, ou o corpo a ferramenta da alma? Deve a alma fazer o que o corpo quer, ou o corpo fazer o que a alma quer? Cada um tem seus apetites, e cada um é imperioso na satisfação dos seus desejos. Se agradamos a um, desagradamos ao outro, e vice-versa. Não se podem sentar juntos ao banquete da vida.

O desenvolvimento de caráter depende da fome e da sede que cultivamos. Fazer dieta ou jejuar — esse é o problema. Perder o queixo duplo para ser mais belo aos olhos das criaturas, ou perdê-lo para manter o corpo domado e sempre obediente às exigências espirituais da alma — eis a questão. O valor humano pode ser julgado pelos desejos humanos.

Conte-me as suas fomes e suas sedes, e eu lhe direi o que você é. Será que tem mais fome de dinheiro do que de misericórdia, de riquezas mais do que de virtude, e de poder mais do que de serviço? Então é um egoísta, mimado e orgulhoso. Tem sede pelo Vinho da Vida Eterna mais do que pelo prazer, e de ajudar os pobres mais do que favorecer os ricos, e as almas mais do que os primeiros lugares à mesa? Então você é um Cristão humilde.

A grande pena é que muitos se preocupam demasiadamente com o corpo, a ponto de dar pouca atenção à alma, e por consequência, perdem o apetite pelo espiritual. Assim como na ordem fisiológica é possível perder todo o apetite pela comida, também é possível na ordem espiritual, perder todo o desejo pelo que é sobrenatural. Os gulosos com o perecível, tornam-se indiferentes ao eterno.

Como ouvidos surdos, mortos para o ambiente da harmonia, e olhos cegos, mortos para o ambiente da beleza, assim as almas deformadas tornam-se mortas para o ambiente do Divino.

Darwin conta-nos na sua autobiografia, que no seu amor pelo biológico, perdeu todo o gosto que outrora tinha pela poesia e pela música, e lamentou a perda todos os dias da sua vida. Nada enfraquece tanto a capacidade espiritual quanto a dedicação excessiva ao material.

O amor excessivo pelo dinheiro destrói o senso de valor; o amor excessivo à carnalidade mata os valores do espírito. Então chega-se o momento em que tudo parece se rebelar contra a lei superior do nosso ser. Como disse o poeta: "Todas as coisas te traem, que me traíste". A natureza é tão leal ao seu Criador que por final, é sempre desleal para com aqueles que abusam dela. "Traidora verdadeira, e engano leal" é a sua melhor descrição poética, pois por fidelidade a Ele será sempre inconstante conosco.

A Quinta Palavra da Cruz é o apelo de Deus ao coração humano, para que se satisfaça nas únicas fontes satisfatórias. Deus não nos obriga a termos sede do que é santo em vez do que é vulgar, ou do divino em vez do secular. É por isso que o Seu apelo é apenas uma afirmação: "Tenho sede," ou seja, "Tenho sede de ter sede." E a sua sede é a nossa salvação.

Uma dupla recomendação está escondida neste pequeno sermão da Cruz: primeiro mortificar a fome e as sedes físicas, e segundo cultivar uma fome e sede espiritual. Devemos *mortificar a fome e a sede do corpo*, não porque a carne seja má, mas porque a alma deve sempre exercer domínio, para não se tornar tirana. Para além de evitar todos os excessos, a Cruz compromete-nos até ao minimizar os gastos com luxos, em prol dos pobres. Quantos pensam em renunciar a um elaborado jantar e festa de teatro, ou a uma estreia, por genuína simpatia e afeto pelos pobres de Cristo? Dives não, e ele perdeu a alma por causa desse esquecimento. Quantos, em circunstâncias menos favoráveis, chegam a se mortificar assistindo um filme por mês, para deixar cair o seu equivalente na caixa das esmolas, para que Aquele que vê em segredo possa recompensar em segredo?

O conselho Divino sobre tal contenção dos apetites corporais é inconfundível. Numa ocasião, quando Nosso Senhor foi convidado para a casa do Príncipe dos Fariseus, dirigiu-se ao anfitrião, dizendo: "Quando deres um jantar ou uma ceia, não chames os teus amigos, nem os teus irmãos, nem os teus parentes, nem os teus vizinhos ricos, para que não suceda que eles te tornem a convidar, e que sejas recompensado. Mas quando fizeres uma festa, chama os pobres, os mutilados, os coxos e os cegos; e serás abençoado, porque eles não têm com que te fazer recompensa; porque recompensado serás na ressurreição dos justos." (Lucas 14:12-14)

O dinheiro que gastamos em excessos para saciar a fome e a sede, nada nos ajudará no último dia; mas os pobres a quem assistimos com a nossa restrição e mortificação levantar-se-ão como tantos advogados perante a barra da Justiça Divina, e suplicarão misericórdia sobre as nossas almas, apesar de terem até ali sido fortemente carregadas com pecados.

O Juiz Celestial não pode ser comprado com dinheiro, mas pode ser influenciado pelos pobres. Nesse último dia, o único que realmente conta, cumprir-se-ão as belíssimas palavras proféticas da Mãe de Nosso Senhor: "Encheu de bens os famintos, despediu vazios os ricos." (Lucas 1:53)

Quando tais entregas de comida e bebida supérfluas forem feitas para o bem da alma, que tudo seja feito num espírito de alegria. "E quando jejuardes, não vos mostreis tristes como os hipócritas, porque desfiguram o rosto, para que pareça que jejuam. Em verdade vos digo, já receberam a sua recompensa. Porém tu, quando jejuares, unge a tua cabeça e lava o rosto, para não pareceres aos homens que jejuas, mas sim a teu Pai que está oculto; e o teu Pai que vê o que está oculto, te retribuirá." (Mateus 6:16-18)

Devemos, além disso, *cultivar uma fome e sede espiritual*. A mortificação dos apetites corporais é apenas um meio, não um fim. O fim é a união com Deus, o desejo da alma. "Prove e veja que o Senhor é bom." (Salmo 34:8) A grande tragédia da vida não é tanto o que os homens sofreram, mas o que perderam. Há poucos na vida que podem satisfazer os seus desejos terrenos com a riqueza, mas não há homem vivo que, se quisesse, não poderia desfrutar do alimento e bebida espiritual que Deus serve a todos os que pedem.

E, no entanto, são poucos os que pensam em nutrir as suas almas. Quantos poucos deve ter havido em Jerusalém para ter tirado de Nosso Senhor a doce queixa: "Quantas vezes quis juntar os teus filhos, como a galinha junta os seus pintos debaixo das asas, mas não quiseram?" (Mateus 23:37-38)

Bem poderia o Salvador dizer, ao ouvirmos o grito: "Tenho sede", as palavras que dirigiu à mulher do poço: "Se conhecesses o dom de Deus, e quem é Ele que pede: 'Dá-me de beber' talvez Lhe pedirias, e Ele te daria água viva." (João 4:10)

Mas quantos perguntam? Considere o maior dom de Deus aos homens: o Pão da Vida e o Vinho que germina virgens. Quão poucos se valem da presença Divina para quebrar o jejum todas as manhãs no alimento Celestial da alma!

Quantos estão suficientemente conscientes de que Nosso Senhor está presente no tabernáculo, para Lhe fazer uma visita diária na Sua Prisão de Amor? E se não o fizermos, o que testemunha senão o amortecimento do nosso sentido espiritual? O nosso corpo sentiria mais falta de uma sobremesa, do que a nossa alma de perder uma comunhão.

Não admira que o nosso Redentor crucificado tivesse sede de nós na Cruz — sedento dos nossos corações insensíveis e das nossas almas entorpecidas. E não pensemos que a Sua sede é uma prova da Sua necessidade, quando na verdade ela é nossa. Ele não precisa de nós para a sua perfeição, assim como nós não precisamos da flor que floresce fora da nossa janela para a nossa perfeição. Nas estações secas, desejamos chuva para a flor, não porque precisamos da chuva, mas porque a flor precisa dela.

Da mesma forma, Deus tem sede de nós, não porque Ele precisa de nós para ser feliz, mas porque precisamos Dele para a nossa felicidade. Sem Ele, é impossível nos desenvolvermos. Assim como certas doenças, como raquitismo e anemia, surgem no corpo por causa da deficiência de vitaminas, também as nossas personagens falham por causa da deficiência do Espírito.

A grande maioria dos homens e mulheres no mundo de hoje estão tão subdesenvolvidos espiritualmente, que se uma deficiência semelhante aparecesse nos seus corpos, eles seriam monstruosidades físicas.

Quantos milhões de mentes existem hoje desprovidas de uma única verdade satisfatória que possam levar pela vida, para sustentá-las na dor e consolá-las na sua morte? Quantas milhões de vontades existem que ainda não encontraram o objetivo da vida e que, por estarem atualmente sem ele, voam como borboletas de uma emoção colorida para outra, incapazes de encontrar repouso?

Que cultivem o gosto por algo mais do que pão e circo, que soem as profundezas dos seus seres para aí descobrirem os desertos áridos, que clamam pelo refresco das fontes eternas. É claro que essas almas magras e famintas não são totalmente culpadas. Eles ouviram pregadores a pregar sim fim: *"Ide a Cristo!"* Mas o que significa isso? Voltar atrás 1900 anos? Se assim for, então não têm eles o direito de duvidar da Divindade daquele que não pôde projetar-se através do tempo?

Olhar para o Céu? Se assim, então o que aconteceu com Sua bênção, Seu perdão aos pecadores, Sua Verdade que Ele disse que duraria até ao fim dos tempos? Onde está a Sua autoridade? o Seu poder? a Sua vida agora? Se não está em lugar nenhum na Terra, então por que veio Ele à Terra? Deixar apenas o eco das Suas palavras, o registro dos Seus atos, e depois escapar, deixando-nos apenas uma história e os seus professores?

A Sua verdade está em algum lugar na Terra hoje: "Quem a ti ouve, ouve-me." Em algum lugar na Terra está o Seu Poder: "Eis que vos dei poder...". Em algum lugar na Terra está a Sua Vida: "O pão que darei é a minha carne, para a vida do mundo." Mas onde encontrá-Lo?

Há uma instituição na face da Terra que afirma ser isso, e para aqueles que bateram nos seus portais e pediram uma bebida, veio o elixir da Vida Divina, e com Ele a paz que vem para aqueles que bebem e nunca mais têm sede, comem e nunca mais têm fome.

A cada um de nós, dentro e fora da Igreja, Nosso Senhor pergunta: "Aceitas o cálice do Meu Amor?" Ele tomou o nosso cálice de ódio e amargura no Getsêmani, e as borras eram tão amargas que o fizeram gritar: "Meu Pai! Se for possível, afasta de mim este cálice." (Mateus 26:39)

Mas Ele bebeu cada gota. Se Ele bebeu o nosso cálice de ódios, por que não bebemos o Seu cálice de perdão? Por que é que, quando Ele grita: "Tenho sede!", Lhe damos vinagre e galha?

Não sei dizer metade, mas ouço
Que pressa de sentimento ainda retorna a mim,
Daquela tortura orgulhosa pendurada na Sua cruz,
Daquele arrebatamento dourado, do Seu Coração no Meu.

Com feliz angústia, eu soube o que isso significa
Fazer parte de Cristo e sentir como,
As angústias sombrias dos membros do meu irmão,
Para sentir a física e simples verdade,
Sentir como minha, a fome dos Seus pobres,

Sentir como minha, a sombra da maldição sobre todos,
Palavras duras, olhares duros e miséria selvagem,
E mortes contorcidas, sem piedade e sem choro.
Para sentir a triste saciedade dos irmãos ricos,
A maneira cansativa das suas vidas e mortes,
Com falta de amor, e faltando o amor, falta tudo.
Sentir a pesada tristeza do mundo,
Engrossando e engrossando para o inferno futuro,
Para cidades poderosas com os seus quilômetros de ruas,
Onde os homens procuram trabalho durante dias, e andam, e morrem de fome,
Congelados nas margens dos rios, nas noites de inverno,
Até chegarem finalmente à corda, ao rio ou ao aço.
O horror das coisas que os nossos irmãos suportam!
Mas foi apenas nada, comparado com o que depois veio,
A desgraça das coisas que fazemos os nossos irmãos suportar,
Nossos irmãos e nossas irmãs! No meu coração

O coração de Cristo parecia bater, e todo o pecado do mundo, —
A sua malícia carmesim e a sua negligência cinzenta, —
Levantou-se e escurecendo, escondeu o Rosto de Deus.

Arthur Shearly Cripps

PREGUIÇA

"*Está consumado.*"

A PREGUIÇA É UMA DOENÇA da vontade, que nos leva a negligenciar os nossos deveres. A preguiça pode ser física ou espiritual. É física quando se evidencia na procrastinação, na ociosidade, na suavidade, e na indiferença. É espiritual quando se mostra numa indiferença no melhorar o caráter, no desgosto pelo espiritual, numa apressada aglomeração de devoções, na tibieza e na incapacidade de cultivar novas virtudes.

A descrição clássica dos efeitos da preguiça encontra-se no livro de Provérbios: "Passei pelo campo de um preguiçoso, e pela vinha dum tolo: e eis que estava tudo cheio de urtigas, o chão coberto the ervas daninhas, e o muro de pedra estava desmoronado. E ao contemplar, coloquei no meu coração, e por esse exemplo recebi instrução. Dormirás um pouco, disse eu, adormecerás um pouco, dobrarás um pouco as mãos para descansar: e a pobreza virá sobre ti como um ladrão, e a mendiga como um homem armado." (Prov.24:30-34)

Nosso Senhor falou sobre tal indiferença ao dever, no Apocalipse: "Oh, porque és morno - nem quente nem frio - estou prestes a vomitar-te da minha boca." (Rev.3:16)

A Vida e os ensinos de Nosso Senhor não dão apoio nenhum ao preguiçoso. Quando ainda tinha apenas doze anos de idade, Ele falava sobre os "negócios do Seu Pai", que era nada menos do que redimir o mundo. Então, durante dezoito anos, Ele trabalhou como trabalhador manual, transformando coisas mortas e inúteis como um berço de criança, uma mesa para o amigo, nos telhados Nazarenos e nos vagões dos agricultores, como símbolos da Sua obra que estava para vir, pela qual Ele transformaria cambistas e prostitutas em cidadãos úteis do Reino dos Céus.

Iniciando uma vida pública com as mãos calejadas, pregou o Evangelho do trabalho: "Convém que eu faça as obras daquele que me enviou, enquanto é dia; aproxima-se a noite, quando ninguém pode trabalhar."(João 9:4) Toda a Sua vida foi passada não em receber, mas em dar: "O Filho do homem não veio para ser servido, mas para servir, e dar a Sua vida como resgate para muitos. 'Mateus 20:28

Ele ganhou o direito de ensinar a necessidade do trabalho. E, para que não vivamos sob ilusões de que qualquer outra obra é mais importante do que salvar almas, até mesmo do que enterrar os pais, Ele disse ao discípulo que fez esse pedido: "Segue-me, e deixa os mortos enterrar os seus mortos." (Mateus 8:22)

Ao jovem que desejava ser seu discípulo, mas queria primeiro despedir-se dos amigos, Nosso Senhor disse: "Ninguém que põe a mão no arado e olha para trás, está apto para o Reino de Deus."(Lucas 9:62) Trabalhar apenas pelo pão, não é cumprir o Seu mandamento, pois aos que queriam mais pão Ele ordenou: "Trabalhem não pela comida que perece, mas pela que permanece para a vida eterna, que o Filho do Homem vos dará."(João 6:27)

O negócio da salvação não é tarefa fácil. Há duas estradas através deste mundo, e duas portas para a vida futura. "Entrai pela porta estreita; porque larga é a porta, e espaçoso o caminho, que leva à perdição, e muitos são os que lá entram. Mas pequena é a porta, e estreito é o caminho que conduz à vida: e somente alguns a encontram!" (Mateus 7:13-14)

Nota-se que o Seu convite é dirigido somente àqueles que trabalham pelo prémio eterno: "Vinde a mim, todos vós que trabalhais e estais sobrecarregados, e eu vos refrescarei. Tomai sobre vós o meu jugo e aprendei de mim, porque Eu sou manso e humilde de coração: E encontrareis descanso para as vossas almas. Porque o meu jugo é suave, e o meu fardo é leve." (Mateus 11:29-30)

Ele cumpriu tão completamente os mínimos detalhes dos negócios do Seu Pai que, na mesma noite da Sua Agonia, no Cenáculo na presença dos Seus Apóstolos, Ele pôde levantar os olhos para o Céu e orar: "Pai... Eu te glorifiquei na Terra, tendo consumado o trabalho que me deste para fazer."(João 17:4) Então, na tarde seguinte, quando o Carpinteiro é morto pela Sua própria profissão, Ele grita em voz alta, da Cruz, como reparação final pela preguiça, e como cântico do triunfo: "Está consumado." João 19:30

Ele não disse: "Eu estou a morrer," porque a morte não veio para levá-lo. Ele foi ter com ela, para a conquistar. A última gota no cálice da redenção foi drenada; o último prego fora cravado na mansão da Casa do Pai; o último pincel tocou na tela da salvação! O seu trabalho estava feito!

Mas o nosso não está. É importante perceber isto, pois há preguiçosos que se justificam dizendo que precisam apenas ter fé em Cristo para serem salvos. Certamente Aquele que tanto trabalhou pela redenção do mundo, não veio dispensar os Seus seguidores do trabalho. O servo não está acima do senhor. Só ter fé n'Ele não salva, pois "a fé sem as boas obras está morta. 'Tiago 2:17 Não é suficiente que o aluno tenha fé no conhecimento do professor; ele também deve estudar. Não basta aos doentes ter fé no seu médico; o seu organismo deve cooperar com ele e com as suas receitas. Não basta acreditar que Washington foi o 'pai do nosso país'; devemos também assumir e cumprir os nossos deveres como cidadãos Americanos.

Da mesma maneira, não basta crer em Cristo, é preciso viver Cristo e, até certo ponto, morrer como Cristo. As suas palavras não permitem equívocos: "E quem não pega na sua cruz e não Me segue, não é digno de Mim. Quem achar a sua vida perdê-la-á; e quem perder a sua vida por mim, encontrá-la-á." (Mateus 10:38-39)

São Paulo compreendeu o trabalho envolvido em ser Cristão, e escreveu a mesma mensagem aos Romanos: "Porque, se fomos plantados juntamente com Ele na semelhança da sua morte, também o seremos na semelhança da sua ressurreição."(Romanos 6:5) O que Ele fez com a sua natureza humana, devemos fazer com a nossa: plantá-la no solo da Cruz, e aguardar a Ressurreição da Páscoa Eterna.

Mais tarde, aos Coríntios, Paulo repetiu: "...como sois participantes dos sofrimentos, assim o sereis também da consolação." (2Cor.1:7) E São Pedro, que conhecia bem o escândalo da Cruz, suplicou-lhes ter alegria ao reviver a Cruz: "Mas se participarem dos sofrimentos de Cristo, alegrai-vos para que, quando a sua glória for revelada, vos alegreis e regozijeis." (1 Pedro 4:13)

Nestes ensinos, não há esperança para os que são preguiçosos do espírito. Nosso Senhor foi morto; temos de ser carimbados por isso. Ele é o padrão; temos de ser remodelados para isso. A Cruz é a condição; temos de estar pregados nela. Tanto Ele amou a Sua Cruz, que guarda as suas cicatrizes, mesmo na Sua glória. Aquele que havia conquistado a vitória sobre a morte, manteve o registro das suas feridas.

Se para Ele são tão preciosas, não podem ser desprovidas de sentido para nós. Na sua preservação está a lembrança de que também nós devemos ser assinados com esses sinais, e selados com esses selos.

No Dia do Julgamento, Ele dirá a cada um de nós: "Mostra-Me as tuas mãos e os teus pés. Onde estão as suas cicatrizes de vitória? Não travaste batalhas pela verdade? Não ganhaste guerras pelo bem? Não fizeste do mal um inimigo?"

Se pudermos provar que fomos Seus guerreiros, e mostrar as cicatrizes nas nossas mãos apostólicas, desfrutaremos da paz da vitória. Mas ai de nós, se descemos do Calvário desta peregrinação na Terra, com as mãos sem cicatrizes, e brancas!

Duas lições emergem desta Sexta Palavra da Cruz, que testemunham a Sua obra completada, e as nossas próprias tarefas incompletas: Primeiro, devemos tomar cuidado com a preguiça espiritual, pois as suas penalidades são tremendas; em segundo lugar, devemos trabalhar para uma vida completa.

O Evangelho registra três casos de preguiça. Havia as virgens tolas, que eram castas mas preguiçosas. Ao passo que as virgens sábias encheram as suas lâmpadas com óleo, e esperam ouvir os passos do noivo que se aproxima. As virgens tolas não pensam no óleo e, cansadas de esperar, adormecem. Quando o noivo vem, as virgens sábias acendem as suas lâmpadas, e dão as boas-vindas ao noivo. As virgens tolas saem para comprar azeite, mas estão todos a dormir, e as lojas estão fechadas. Elas voltam para a festa de casamento, mas encontram a porta fechada. Elas gritam: Senhor, Senhor, abre a porta para nós! "Mas a resposta é: 'Amém, digo-te, não te conheço...' Nosso Senhor conclui a parábola com estas palavras: "Vigiai, pois, porque não sabeis nem o dia nem a hora quando virá o Filho do Homem." (Mateus 25:13)

O segundo exemplo de preguiça, foi a parábola da figueira estéril: "No dia seguinte, quando saíram de Betânia, Ele estava com fome. E avistando ao longe uma figueira perto do caminho, dirigiu-se a ela, mas não achou nela senão folhas, pois não era tempo dos figos. E disse-lhe: 'Que ninguém mais coma fruto de ti." (Marcos 11;14)

A terceira é a parábola do talento enterrado. Quem recebeu cinco talentos ganhou outros cinco; quem tinha recebido dois ganhou outros dois, mas quem recebeu um, escondeu-o no chão. O Senhor dos servos disse desse último: "Servo perverso e preguiçoso! ... Tira-lhe, pois, o talento, e dá-lo àquele que tem dez talentos. Pois a quem tem, mais será dado, e terá em abundância: mas a quem não tem, até aquilo que tem lhe será tirado. Lancem fora nas trevas o servo inútil; ali haverá choro e ranger de dentes." (Mateus 25:29-30)

    O elemento comum nestas três parábolas é o perigo da preguiça, e a necessidade de trabalhar. A pureza sem boas obras não nos salvará nem mais do que salvou as virgens despreparadas. Quem nada faz, corre o risco de perder o pouco que tem. Por outras palavras, é possível perder a alma sem fazer nada. "Como escaparemos se formos negligentes...?" Perdemos a alma não só pelo mal que fazemos, mas também pelo bem que deixamos por fazer.

    Se negligenciarmos o corpo, os músculos endurecem; se não estimularmos a nossa mente, a imbecilidade está por perto; sem nutrir a alma, a ruína segue. Assim como a vida física é a soma das forças que resistem à morte, também a vida espiritual é, numa certa medida, a soma das forças que resistem ao mal. Se não tomamos um antídoto para um veneno no corpo, morremos por nossa negligência. Se não tomamos precauções contra o pecado, morremos simplesmente por causa da negligência.

O Céu é uma cidade no alto de uma colina. Por isso, não podemos simplesmente entrar, temos que subir. Aqueles que são preguiçosos demais para subir, assim como os maus que se recusam a procurá-lo, podem-no perder. Que ninguém pense que pode ser totalmente indiferente a Deus nesta vida, e de repente desenvolver uma capacidade para Ele no momento da morte.

De onde virá a capacidade para o Céu, se a negligenciamos na Terra? Um homem não pode entrar de repente numa sala de aula de matemática superior, e se emocionar com as suas fórmulas, se durante a vida inteira negligenciou o desenvolvimento do gosto pela matemática. Um paraíso de poetas seria um inferno para aqueles que nunca aprenderam a amar a poesia. E um Céu com a Verdade Divina, a Retidão e a Justiça, seria um inferno para aqueles que nunca seriamente cultivaram estas virtudes. O Céu é apenas para aqueles que trabalham para por ele.

Se toda a inspiração do que é Divino for esmagada, se afogarmos toda a inspiração divina da alma, se bloquearmos cada entrada a Cristo, onde estará o nosso prazer em Deus no último dia? Então, as mesmas coisas que negligenciamos serão a própria causa da nossa ruína. As mesmas coisas que deveriam ter servido ao nosso crescimento se voltarão contra nós, e ministrarão à nossa decadência.

O sol, que aquece a planta, pode, noutras condições, também fazê-las murchar. A chuva, que nutre a flor, pode, noutras condições, apodrecê-la. O mesmo sol que brilha sobre a lama, brilha sobre a cera. Endurece a lama, mas suaviza a cera. A diferença não é do sol, mas daquilo sobre o qual brilha.

Assim é com Deus. A Vida Divina que resplandece sobre uma alma que O ama, amolece-a para a vida eterna; essa mesma Vida Divina que resplandece sobre a alma preguiçosa, descuidada de Deus, endurece-a até à morte eterna.

O Céu e o Inferno são, de maneira semelhante, ambos efeitos da Bondade Divina. A diferença vem da nossa reação a essa bondade, e nessa medida são também as nossas criações. Tanto Deus como o homem são, em diferentes sentidos, criadores do Céu e do Inferno.

Um pouco de atenção, então, a esta palavra da Cruz: "Está consumado." Terminamos a nossa vocação como Ele terminou a Sua – numa cruz, e em nenhum outro lugar. A recompensa da coroa vem somente aos cumpridores da verdade, e não aos seus pregadores ou ouvintes. Fazer, implica gastar não o que *temos*, mas o que somos.

Se trabalharmos arduamente pelo Reino de Deus, não precisamos ter indevido medo pela nossa saúde. Deus cuidará da nossa saúde se cuidarmos da Sua causa. Em qualquer caso, é melhor queimar do que enferrujar.

Queimar a vela em ambas as extremidades por amor a Deus, pode ser tolice para o mundo, mas é um exercício Cristão proveitoso – porque dá mais luz. Uma coisa só importa na vida: ser considerado digno da Luz do Mundo, na hora da Sua visitação.

"Tomai cuidado", disse Ele. "Escutai, vigiai e orai. Pois não sabeis quando é a hora.

Tal como um homem, que saiu para um país distante, deixou a sua casa, e deu autoridade aos seus servos sobre todos os trabalhos, e ordenou ao porteiro que vigiasse. Vigiai, pois, porque não sabeis quando virá o senhor da casa: se à tarde, se à meia-noite, ou ao cantar do galo, se pela manhã. Porque se vier de improviso, não vos encontre a dormir. E o que vos digo, digo a todos: Vigiai!" (Marcos 13:35-37)

Não só devemos ter cuidado com a preguiça espiritual, mas também devemos trabalhar para ter uma vida completa. A palavra importante na luta contra a preguiça é 'consumado'. O mundo julga-nos pelos resultados; Nosso Senhor nos julga pela maneira como cumprimos e terminamos as nossas designadas tarefas. Ter uma vida boa não é necessariamente ter uma vida bem-sucedida.

Os semeadores nem sempre são os ceifadores. Aqueles a quem Deus destina apenas semear, recebem a sua recompensa exatamente por isso, embora nunca tenham acumulado um único feixe nos celeiros eternos.

Na parábola dos talentos, a recompensa é de acordo com o desenvolvimento das potencialidades, e o cumprimento das tarefas designadas.

Um dia, "...Nosso Senhor estava sentado contra a arca do tesouro, e observava a maneira como o povo lançava dinheiro na arca; muitos que eram ricos e lançavam muito. E viu também uma viúva pobre lançar ali duas moedas, cerca de meio centavo. E, chamando os seus discípulos, disse-lhes: em verdade vos digo, esta pobre viúva depositou mais do que todos os que lançaram na arca do tesouro. Porque todos deram como ofertas de Deus do que lhes sobeja; mas ela, da sua pobreza, deu todo o sustento que tinha." (Lucas 21:1-4)

O resultado foi trivial para o tesouro, mas infinito para a alma dela. Ela não tinha cumprido metade do seu dever, ela o tinha terminado. Isto é o que se entende por uma vida completa.

Na ordem Cristã, os importantes não são os essenciais, nem os que fazem grandes coisas são os realmente grandes. Um rei não é mais nobre aos olhos de Deus do que um camponês.

O chefe de governo com milhões de soldados sob seu comando, não é mais precioso aos olhos de Deus do que uma criança paralisada. O primeiro tem maiores oportunidades para fazer o mal, mas, como a viúva no Templo, se a criança cumpre a sua tarefa de resignação à vontade de Deus, mais do que o ditador cumpre a sua tarefa de obter justiça social para a glória de Deus, então a criança é maior. "Deus não faz acepção de pessoas."

Os homens e as mulheres são apenas atores no palco da vida. Por que deve aquele que faz o papel do homem rico, se gloriar à sua mesa de rica e de ouro, e o rico de se considerar mais do que aquele que faz o papel de mendigo, implorando uma migalha da sua mesa? Quando a cortina cai, ambos são homens. Assim, quando Deus baixar a cortina sobre o drama da redenção do mundo, Ele não perguntará que papel desempenhamos, mas apenas quão bem desempenhamos o papel que nos foi atribuído. A Pequena Flor, Sta. Terezinha, disse: que podemos salvar a nossa alma levantando alfinetes por amor a Deus.

Se pudéssemos criar mundos e lançá-los no espaço a partir da ponta dos dedos, não agradaríamos a Deus mais do que atirar uma moeda dentro de um copo de lata. O *que importa não é o que* se faz, mas *o porquê* de ser feito que importa. Um 'engraxa sapatos' fazendo o seu trabalho, inspirado por um motivo Divino, está fazendo mais bem neste mundo do que todas as convenções que Moscovo poderia convocar sem Deus.

É a intenção que faz o trabalho. Os deveres na vida são como mármore, tela e pedra. O mármore torna-se valioso por causa da imagem que lhe foi dada pelo escultor; a tela é enobrecida pela imagem do artista, e a pedra é glorificada pelo padrão do arquiteto.

O mesmo acontece com as nossas obras. A intenção dá-lhes valor, tal como a imagem dá o valor ao mármore. Deus não está interessado no que fazemos com as nossas mãos, ou com o nosso dinheiro, ou com as nossas mentes, ou as nossas bocas, mas sim com as nossas *vontades*. Não é o trabalho, mas o trabalhador que conta.

Que às almas que pensam que o seu trabalho não tem valor, reconhecem que, ao realizar as suas tarefas insignificantes por amor a Deus, essas tarefas assumem um valor sobrenatural. Os idosos que suportam as provocações dos jovens, os doentes crucificados nas suas camas, o pobre ignorante na siderurgia, o varredor de ruas, o diretor de guarda-roupa no teatro e a corista sem fila, o carpinteiro desempregado e o coletor de lixo — todos eles terão um trono acima dos ditadores, presidentes, reis e cardeais, se é um maior amor por Deus que inspira as suas tarefas humildes, do que inspira aqueles que desempenham papéis mais nobres, mas com menos amor.

Nenhuma obra está concluída até que a façamos para a honra e glória de Deus. "Quer coma ou beba, ou seja o que faça, faça tudo para a glória de Deus." (1Cor.10:31) Quando o nosso contrato de vida acabar, serão feitas duas perguntas. O mundo perguntará: "Quanto deixou ele?" Os anjos perguntarão: "Quanto trouxe consigo?"

A alma pode carregar muito, mas na sua jornada até ao tribunal de Deus, ela estará carregada apenas com aquele tipo de bens que um homem pode levar dum naufrágio – as suas boas obras, feitas para a glória de Deus. Tudo o que deixamos atrás está "por acabar". Tudo o que levamos conosco está "acabado".

Que nunca morramos tão cedo! Isto não significa não morrer jovem; significa não morrer sem completar as tarefas que nos foram atribuídas. De fato, é curioso como ninguém jamais pensa que Nosso Senhor morreu quando ainda era muito jovem! Isso porque Ele completou os negócios do Seu Pai. Mas não importa quantos anos temos quando morremos; sentimos sempre que há algo mais por fazer.

Será que nos sentimos assim, por não termos adequadamente feito as tarefas que nos foram atribuídas? A nossa tarefa pode não ser grande, pode ser apenas acrescentar uma pedra ao Templo de Deus. Mas, seja o que for, se fizer cada pequeno ato unido ao seu Salvador morto na Cruz, acabará *a sua vida*. Então, nunca vai morrer muito jovem!

Mas, se por impaciente, deixas escapar a tua cruz,
Não a encontrarás novamente neste mundo,
Nem nem num outro; aqui, e só aqui
É-te dado sofrer por amor de Deus.
Por outras palavras, iremos mais perfeitamente
Servi-lo e amá-lo, louvá-lo, trabalhar para Ele,
Aproxima-te cada vez mais d'Ele com todo o prazer;
Mas então nunca mais seremos chamados a
Sofrer, que é a nossa nomeação aqui,
Não podes sofrer então uma hora, — ou duas?

Se Ele te chamar da tua cruz hoje,
Dizendo: Acabou! – aquela tua dura cruz
Da qual rezas por libertação,
Não pensas que alguma paixão de arrependimento
Vencer-te-ia? Dirias tu: "Tão cedo?"

Deixa-me voltar, e sofrer ainda um tempo
Mais pacientemente; — Ainda não louvei a Deus."

E Ele poderia responder-te: — "Nunca mais.
Já acabou toda a dor." Quando vier,

Essa convocação que procuramos, vai parecer
logo, sim, cedo demais.

Prestemos atenção ao tempo
Para que Deus seja agora glorificado em nós;
E enquanto sofremos, disponhamos a alma a
Sofrer perfeitamente: porque só isso,
O sofrimento, que é a graça especial deste
mundo,
Aqui possa ser aperfeiçoado e deixado atrás...
Suportai, suportai, — sede fiéis até ao fim!

Harriet Eleanor Hamilton-Rei

COBIÇA

*"Pai, nas tuas mãos,
entrego o meu espírito."*

A COBIÇA É UM amor desmedido pelas coisas deste mundo. Torna-se desmedida se não somos guiados por um fim razoável, como prover adequadamente para a família, ou para o futuro, ou se formos demasiado solícitos na acumulação da riqueza, ou avarentos de mais na sua distribuição.

O pecado da cobiça inclui, portanto, tanto a intenção de adquirir os bens deste mundo, quanto à maneira de os adquirir. Não é o amor por um montante excessivo que o torna errado, mas um amor desmedido por qualquer montante.

Só por ter uma grande fortuna, não segue que a pessoa seja cobiçosa; uma criança com uns poucos tostões, pode ser mais cobiçosa. As coisas materiais são lícitas e necessárias para nos permitir viver de acordo com a nossa posição na vida, para mitigar o sofrimento, para promover o Reino de Deus e para salvar as nossas almas.

O que faz a pessoa cobiçosa é a procura da riqueza como se fosse um fim, em vez de um meio para os fins acima delineados. Nesta classe de cobiçosos, encontra-se a jovem que se casa com um homem divorciado por dinheiro; o funcionário público que aceita suborno; o advogado sem escrúpulo; o educador ou clérigo que patrocina movimentos radicais pelo 'ouro vermelho'; o capitalista que só pensa no lucro, ignorando as necessidades e direitos humanos; e o trabalhador, para quem o poder partidário vale mais do que os direitos dos trabalhadores.

A cobiça está muito mais difundida no mundo de hoje do que suspeitamos. Já foi monopolizada pelos ricos avarentos; agora é partilhada pelos pobres invejosos. Só porque não tem dinheiro no bolso, não significa que não é avarento; ele pode ser involuntariamente pobre, com uma paixão pela riqueza muito superior à daqueles que a possuem.

A história testemunha o facto de que quase todos os revolucionários económicos radicais só se interessaram por uma coisa: — espólio. Os únicos pobres que atacavam os ricos e nada procuraram para si, foram Nosso Senhor e os Seus seguidores, como São Francisco de Assis.

Hoje em dia, há poucas pessoas a ajudar os pobres sem desinteresse; a maioria dos ditos campeões dos pobres não os amam, tanto quanto odeiam os ricos. Eles odeiam todos os ricos, mas amam apenas os pobres que os ajudarão a alcançar os seus fins perversos.

Tal cobiça é ruinosa para o homem, principalmente porque endurece o coração. O homem torna-se semelhante àquilo que ama, e se ama o ouro, torna-se como ele – frio, duro e amarelo. Quanto mais ele adquire, mais ele sofre ao entregar até o mínimo, assim como dói ter um único cabelo arrancado, mesmo quando tem um belo cabelo.

Quanto mais o homem fica pecaminosamente rico, mais acredita que é indigente; na sua maneira de ver, é sempre pobre. O sentido das coisas do espírito, torna-se tão amortecido, que começa a trocar os seus tesouros mais preciosos pelos aumentos triviais, tal quando Judas vendeu o seu Mestre por trinta moedas de prata.

Como nos diz São Paulo: "Porque o amor ao dinheiro é a raiz de toda espécie de males; e nessa cobiça, alguns se desviaram da fé, e se traspassaram a si mesmo com muita dor." *(1 Timóteo 6:10)* Então, a Providência de Deus torna-se cada vez menos uma realidade e, se ainda conserva valor, reduz-se a um papel secundário; podemos confiar em Deus, desde que tenhamos uma boa conta bancária.

Quando as coisas correm bem, estamos dispostos a prescindir de Deus, como o jovem do Evangelho que veio a nosso Senhor apenas porque estava a ser privado de alguns bens do seu pai. "Mestre, diz ao meu irmão que reparta a herança comigo."(Lucas 12:13) Só quando surgiu a confusão económica, é que o jovem recorreu ao Divino.

Há muitos no mundo de hoje que pensam que a única razão pela existência da Igreja é de melhorar a ordem econômica e, se não forem satisfeitos, atacam a Igreja por lhes falhar. De facto, a Igreja poderia responder com as palavras de Nosso Senhor: "Homem, quem me designou juiz ou repartidor entre vós?" (Lucas 12:14)

Desviar o coração do homem das coisas perecíveis e virá-lo para os valores eternos da alma, foi uma das razões pela visita do Senhor à Terra. Desde o início, o seu ensinamento não foi apenas uma advertência contra a cobiça, mas um apelo a uma confiança mais vincada na Providência.

"Não ajunteis tesouros na Terra, onde a traça e a ferrugem tudo consomem, e onde os ladrões penetram e roubam; mas ajuntai tesouros no Céu, onde nem a traça nem a ferrugem consomem, e onde os ladrões não penetram nem roubam. Porque onde estiver o vosso tesouro, aí estará também o vosso coração." *(Mateus 6:19-21)*

Digo-lhe, pois, para não se preocupar com a sua vida, com o que comerá ou com o que beberá, nem com o seu corpo, com o que vestirá. Será que a vida não é mais importante do que a comida, e o corpo do que a roupa? Olhem para as aves do céu, como elas não semeiam, nem colhem, nem armazenam em celeiros, mas o vosso Pai celestial as alimenta! Será que não tem muito mais valor do que eles? No entanto, quem, pelo pensamento ansioso, é capaz de acrescentar uma única etapa à sua vida?

E por que se preocupar com roupas? Observe como crescem os lírios-do-campo, como eles crescem; não trabalham nem fiam. E Eu vos digo, que nem mesmo Salomão, com toda a sua glória, se vestiu como qualquer deles. Pois se Deus assim veste a erva do campo, que existe hoje e é atirada no forno amanhã, não vos vestirá muito melhor, homens de pouca fé?

"Não se preocupem, pois, dizendo: "O que havemos de comer? O que devemos beber? ou 'O que vestiremos?' Porque os pagãos procuram essas coisas, e o seu Pai celestial sabe que precisa de todas elas. Mas procure primeiro o reino de Deus e a Sua santidade, e todas estas coisas lhe serão dadas além disso. Não fique inquieto pelo dia de amanhã, pois o amanhã cuidará de si mesmo. Basta a cada dia o seu mal." *(Mateus 6:25-34)*

O homem que ama indevidamente as riquezas é um homem caído, por causa de uma má troca; por ser generoso, ele poderia ter tido o Céu, mas agora só tem a Terra. Podia ter guardado a sua alma, mas vendeu-a por coisas materiais. Os camelos passarão pelos olhos das agulhas mais facilmente do que os cobiçosos passarão pelas portas do Céu. Foi fácil, claro, condenar os ricos; o nosso mundo está demasiado cheio daqueles que ainda o fazem. Mas os nossos revolucionários económicos fazem-no por ter inveja da riqueza, e não por amar a pobreza.

Mas esse não foi o caso com o Nosso Salvador Divino. Aquele que condenou Dives, e o homem que mandou fazer celeiros maiores no mesmo dia em que morreu, e que trovejou que nenhum homem poderia servir a Deus e a Mamon, viveu o Seu evangelho. Não foi num hospital, ou numa casa, ou numa cidade, mas num estábulo, no meio do campo, que Ele se curvou para entrar no mundo que fez. Não foi com dinheiro que Ele ganhou dinheiro nos mercados de troca, mas como um pobre carpinteiro. Ganhava a Sua vida com os dois instrumentos utilizados mais primitivos: a madeira e o martelo. Durante os Seus três anos de pregação, nem mesmo um telhado poderia reivindicar como Seu: "As raposas têm covis, e as aves do céu têm ninhos, mas o Filho do Homem não tem onde reclinar a cabeça." *(Mateus 8:20)*

Então, na morte, Ele não tinha riqueza para deixar; deu a Sua Mãe a João; o Seu corpo ao sepulcro; o Seu sangue para a Terra; as Suas roupas aos carrascos. Absolutamente despossuído, continua a ser odiado, para dar a mentira àqueles que dizem que a religião é odiada por causa das suas posses.

A religião é odiada por ser religião, e as posses são apenas a desculpa e o pretexto para expulsar Deus da Terra. Não houve briga sobre a Sua vontade; não havia controvérsia sobre como a Sua propriedade seria dividida; não houve nenhum processo judicial sobre o Senhor do Universo.

Ele havia desistido de tudo em reparação pela cobiça, guardando apenas uma coisa para Si que não era uma coisa – o Seu Espírito. Com um alto grito, tão poderoso que libertou a Sua alma da Sua carne, e deu testemunho do fato de que Ele estava desistindo da Sua vida, e ninguém a tinha tirado, Ele disse por despedida: "Pai, nas Tuas Mãos entrego o Meu Espírito." (Lucas 23:46)

Ressoou sobre a escuridão e perdeu-se nos confins mais distantes da Terra. Desde então, o mundo tem feito todo o tipo de barulho para abafá-lo.

Os homens têm-se ocupado com ninharias para tentar não O ouvir; mas, através do nevoeiro e da escuridão das cidades, e do silêncio da noite, aquele grito terrível soa nos ouvidos de todos os que não se obrigam a esquecer, e ao ouvi-lo aprendemos duas lições:

1. *Quanto mais laços tivermos com a Terra, mais difícil será morrer.*

2. *Não fomos criados para estar perfeitamente satisfeitos aqui na Terra.*

Em cada amizade, os corações crescem e se entrelaçam, de maneira que os dois corações parecem fazer um só coração, com apenas um pensamento comum. É por isso que a separação é tão dolorosa; — não é tanto dois corações se separando, mas um coração sendo dilacerado.

Quando um homem ama a riqueza desmedidamente, ele e ela crescem juntos como uma árvore empurrando-se ao crescer através das fendas de uma rocha. A morte para tal homem é uma chave dolorosa, por causa de sua estreita identificação com o material. Ele tem tudo para viver, nada para morrer. Na morte, torna-se o mendigo mais destituído e espoliado do universo, pois não tem nada que possa levar consigo. Descobre tarde demais que não pertencia a si mesmo, mas às coisas, pois a riqueza é um carrasco cruel.

Durante a vida, a riqueza não lhe permitiu pensar em outra coisa que não fosse aumentar-se. Agora, descobre tarde demais que, consagrando-se a encher os seus celeiros, nunca foi livre para salvar a única coisa que podia levar consigo para a eternidade: — a sua alma. Para adquirir uma só parte, perdeu o todo; tendo ganho uma fração da Terra, agora vai precisar de apenas seis metros dela.

Como um gigante amarrado por dez mil cordas a dez mil estacas, ele já não é livre para pensar em outra coisa além do que deve deixar. É por isso que a morte é tão difícil para os ricos cobiçosos.

Por outro lado, à medida que os laços com a Terra diminuem, mais fácil é a separação. Onde se encontra o nosso tesouro, aí está também o nosso coração. Se vivemos para Deus, então a morte é uma libertação. A Terra e os seus bens são a jaula que nos confina, e a morte é a abertura da sua porta, permitindo à nossa alma abrir caminho para o seu Amado, pelo qual só tinha vivido e pelo qual só esperava morrer.

Os nossos poderes de espoliação são maiores do que os nossos poderes de posse; as nossas mãos nunca poderiam conter todo o ouro do mundo, mas podemos lavá-las do seu desejo. Não podemos ser donos do mundo, mas podemos repudiá-lo. É por isso que a alma que fez o voto de pobreza, está mais satisfeita do que o homem mais rico e cobiçoso do mundo, pois este ainda não tem tudo o que quer, enquanto o religioso nada quer; de um certo sentido, o religioso tem tudo e é perfeitamente feliz.

Foi essa pobreza de espírito, elevada aos picos mais sublimes, que tornou tão fácil a morte de Nosso Senhor. Ele não tinha laços com a Terra. O Seu tesouro estava com o Pai, e a Sua Alma seguia a lei da gravitação espiritual.

O ouro, como a sujeira, cai; mas a caridade, como o fogo, levanta-se: "Pai, nas tuas mãos entrego o meu Espírito." (Lucas 23:46)

A morte de Nosso Senhor na Cruz, revela que estamos destinados a estarmos perpetuamente insatisfeitos aqui na Terra. Se a Terra tivesse sido feita para ser um Paraíso, então Aquele que a fez nunca Se teria despedido dela na Sexta-feira Santa. A entrega do Seu Espírito ao Pai foi, ao mesmo tempo, a recusa de entregá-lo à Terra. A conclusão ou realização da vida encontra-se no Céu, não na Terra.

Na Sua última Palavra, Nosso Senhor está a dizer que só com Deus poderemos estar satisfeitos, e em nenhum outro lugar. É absolutamente impossível para nós sermos perfeitamente felizes aqui embaixo. Nada prova isso mais do que a decepção. Quase se pode dizer que a essência da vida é a decepção. Ansiamos por uma posição, pelo casamento, pela propriedade, pelo poder, pela popularidade, pela riqueza e, quando as alcançamos, temos de admitir, se formos honestos, que nunca correspondem às nossas expectativas.

Na nossa infância, esperávamos ansiosamente pelo Natal. Quando chegava, e nos enchíamos de doces, testávamos cada brinquedo ou balançávamos cada boneca, e depois na cama, dissemos no nosso próprio coraçãozinho: "Não sei por que, mas não foi como esperava." Durante a nossa vida, essa experiência se repete mil vezes.

Mas por que há decepção? Porque quando olhamos para um futuro ideal, nós o dotamos de algo da infinitude da alma. Posso imaginar uma casa com dez mil quartos cravejados de diamantes e esmeraldas, mas nunca a verei. Posso imaginar uma montanha de ouro, mas nunca a verei.

O mesmo acontece com os nossos ideais na Terra. Nós os colorimos com as qualidades da nossa alma espiritual. Mas quando se realizam, parecem mais ser concretos, gabinetados, enjaulados, confinados.

Essa desproporção entre o infinito e o finito é a causa da decepção. Não há como fugir a este facto. Possuímos a eternidade no nosso coração, mas só o tempo nas nossas mãos. A alma exige um Céu, e nós temos apenas uma Terra. Os nossos olhos olham para as montanhas, mas elas repousam apenas nas planícies. É mais fácil estrangular os nossos ideais do que satisfazê-los. Aquele que atinge o seu ideal aqui na Terra, acaba por parti-lo.

Tocar num ideal neste mundo é destruir o ideal. "Nenhum homem é herói para o seu valete." À beira de um poço, já não temos sede. A satisfação dos ideais da Terra volta-se contra nós, como uma resposta cruel vinda de quem fizemos um elogio dissimulado.

Mas não há razão para sermos pessimistas ou cínicos. A decepção não é prova de que não existe um ideal, mas apenas de que não se encontra aqui. Assim como não teríamos olhos se não houvesse belezas para ver, e como não teríamos ouvidos se não houvesse

COBIÇA

harmonias para ouvir, também não teríamos apetite para o infinito se não houvesse Deus para amar.

Só n'Ele está a reconciliação da perseguição e da captura. Aqui nesta Terra, somos fustigados entre os dois. A perseguição tem a sua emoção, pois é a procura de um ideal, a busca pela satisfação e a marcha para a vitória. A captura tem a sua emoção, pois é posse, prazer e paz.

Mas enquanto vivemos no tempo, nunca podemos desfrutar dos dois juntos. A captura encerra a emoção da perseguição; e a perseguição sem captura é enlouquecedora, como se tivesse uma nascente refrescante, retirada de nossos lábios ressecados quando nos aproximamos dela.

Como combinar a perseguição sem o tédio da captura, e a captura sem perder a alegria da perseguição? É impossível aqui embaixo, mas não no Céu, pois quando alcançamos a Deus, capturamos o Infinito, e por ser Ele Infinito, levará uma eternidade de perseguição para descobrir as alegrias indetectáveis da Vida, da Verdade, do Amor e da Beleza.

Tal é o significado por trás da última palavra de despedida da Cruz. Muitos séculos atrás, o sol brilhava sobre as plantas e as árvores e aprisionava nelas a sua luz e o seu calor. Hoje desenterramos essa luz e calor no carvão e, à medida que as suas chamas sobem, pagamos a nossa dívida ao sol.

Assim, agora a Luz Divina, que há trinta e três anos se aprisiona nos corações humanos, volta novamente ao Pai, para sempre nos lembrar que somente completando um circuito semelhante, e recomendarmos as nossas almas ao Pai, encontramos a resposta para o enigma da vida; e o fim da decepção é o início da paz eterna, para os nossos corações eternos.

Tudo é decepcionante, exceto o Amor Redentor de Nosso Senhor. Pode continuar a adquirir coisas, mas será pobre até que a sua alma se encha do amor dAquele que morreu na Cruz por si. Assim como o olho foi feito para ver e o ouvido para ouvir, também o seu espírito foi feito para ser recomendado novamente a Deus.

Se tivesse outro destino, as palavras moribundas do Salvador teriam traído esse destino. O espírito tem uma capacidade para o infinito; conhecer uma só flor, viver uma única hora, amar só por um minuto, não esgota o seu potencial. A nossa alma deseja a plenitude destas coisas; numa palavra: deseja a Deus.

A tragédia da nossa vida moderna é que muitos colocam os seus prazeres nos *desejos* e não nas *descobertas*. Tendo perdido o único propósito da vida humana, ou seja, Deus, procuram substitutos nas coisas insignificantes da Terra.

Depois de repetidas decepções, eles começam a colocar a sua felicidade não em um prazer, mas na *busca* por ela, em existências de borboletas, que nunca descansam o tempo suficiente, em nenhum momento, para conhecer os seus desejos interiores; correndo corridas à espera que nunca terminem' virando páginas, mas nunca descobrindo 1 enredo; batendo às portas da verdade e depois fugindo para que seus portais não sejam abertos, e sejam convidados. A existência torna-se numa fuga da paz, em vez de um avanço; uma fuga momentânea da frustração, em vez da sua sublimação na vitória.

De vez em quando, surge uma luz através das nuvens do Calvário e o eco da palavra recomendando um espírito a Deus, mas em vez de fazer um esforço supremo para satisfazer a meta da vida, crucificam-na.

"Mas os lavradores, vendo o filho, disseram entre si: Este é o herdeiro; vinde, vamos matá-lo, e a herança será nossa. E, apoderando-se dele, mataram-no e expulsaram-no da vinha." (Mateus 21:38-39)

Assim, alguns homens creem que, se pudessem expulsar Deus da Terra, a herança do pecado estaria lá sem remorso; e se pudessem apenas silenciar a consciência, poderiam herdar a paz sem justiça. Foi justamente esta mentalidade que enviou Nosso Senhor à Cruz. Se a voz de Deus pudesse ser sufocada, eles acreditavam que poderiam desfrutar da voz de Satanás em paz.

Agora, vamos olhar para o mundo com uma perspectiva diferente. Quantos, mesmo dos que mataram a consciência, podem dizer: "Estou feliz; não há nada que eu queira."? Mas se não tem coragem suficiente para dizer isso, então por que não procurar? E por que não procurar na única direção na qual sabe que a felicidade se encontra?

Na morte, você vai deixar *tudo*, mas há uma coisa que não vai deixar - o seu desejo por viver. Deseja a única coisa que somente a Cruz pode trazer: — A vida através da morte.

O mistério da existência se torna claro no seu esplendor. A Cruz refere-se a *mim*, pessoal e individualmente, como se mais ninguém no mundo tivesse existido. Na cruz, Ele traçou para mim o sacrifício, que é o mais sublime dos gestos, um programa de vida, a submissão à Vontade Divina. Ele percorreu o caminho sombrio do Getsêmani até a morte no Calvário, por devoção à glória de Deus e à minha salvação.

Na Sua entrega, Ele expia pela minha autoindulgência culpada. "Ele foi ferido pelas nossas iniquidades; Ele estava ferido pelos nossos pecados. O castigo da nossa paz estava sobre Ele." *(Isaías 5:3-5).*

Se, na harmonia do universo, este Mestre da sinfonia do mundo perdesse a minha única nota de virtude; se este Capitão de Guerras perdesse a minha lança na Sua batalha pelo Bem; se este Artista, sentisse falta do meu pequeno pingo de cor na obra-prima da Redenção; se este Arquiteto Cósmico notasse a ausência da minha pequena pedra na construção do Seu templo; se esta Árvore da Vida sentisse a queda da minha pequena folha para a pecaminosidade da Terra; se este Pai Celestial sentisse a minha falta na cadeira vazia no banquete estendido aos milhões de filhos de Deus; se este Orador do Púlpito da Cruz notasse a minha desatenção quando me virei para olhar para um carrasco; se Deus se importa tanto comigo, então eu devo valer alguma coisa, já que Ele me ama tanto!

Mas, se Ele mesmo vier a ti, e ficar de pé
Ao teu lado, olhando-te com os olhos
Sorridentes, e sofrer; que ferirão o teu coração,
Com piedade, até a uma paz apaixonada;
E entregar-te o Santo Cálice
(Com todos os seus caules de flores de
maracujá. E brilhos trêmulos de estrelas rubi),
Pálido e real, dizendo «Bebe Comigo»;

Recusarás? Não, não pelo Paraíso!
A testa pálida te obrigará, as mãos puras
Te ministrarão; tomarás
Daquela comunhão através das profundezas solenes.
Das águas escuras da tua agonia,
Com coração que O louva, que anseia por Ele
Quanto mais perto pela hora.
Segura a Sua mão, embora as unhas também furem a tua! Cuida apenas, para que não se derrame uma gota do vinho sacramental,
daquele que sempre unirá
corpo e alma ao teu Senhor vivo!

Harriet Eleanor Hamilton-Rei

AS SETE VIRTUDES

FULTON J. SHEEN

INTRODUÇÃO
AS SETE VIRTUDES

Estas meditações sobre as Sete Últimas Palavras correlacionadas com as sete virtudes não fazem pretensão de absolutismo. As Palavras não estão necessariamente relacionadas com as virtudes, mas fazem pontos convenientes de ilustração.

Este livro tem apenas um objetivo: despertar o amor na Paixão de Nosso Senhor, e incitar a prática da virtude. Se o faz numa só alma, justifica-se a sua publicação.

A PRIMEIRA VIRTUDE
-Fortaleza-

" Pai, perdoa-lhes, porque não sabem o que fazem."

HÁ MUITA psicanálise demais no mundo; o que é preciso é um pouco mais de psicossíntese. Corações e mentes já foram analisados ao ponto de não passarem de ser uma massa caótica de impulsos nervosos, sem relacionamento. É preciso alguém que os una, que lhes dê um padrão de vida e, acima de tudo, paz. O padrão, a volta do qual psicosintetizaremos todos esses estados anímicos, será a Cruz.

Estamos aqui interessados em três tipos de almas: a) Aqueles que sofrem e choram, dizendo "O que fiz eu para merecer isto?"; b) aqueles que possuem fé, mas que, por amor ao mundo, negam a sua fé, ou a escondem; c) e aqueles que não possuem a fé, mas estão convencidos da sua verdade, mas ainda se recusam de pagar o preço.

Para alcançar a paz, há uma virtude, que estes três tipos de almas precisam: a virtude da fortaleza.

A fortaleza pode ser definida como aquela virtude que nos permite enfrentar, sem consternação e sem medo, as dificuldades e os perigos que impedem o dever e o bem. Situa-se a meio caminho entre a temeridade, que corre o perigo despreocupadamente, e a cobardia, que foge dela recreativamente. Mesmo que a fortaleza esteja relacionada com a bravura, não se deve pensar que a bravura é desprovida de medo; pelo contrário, é o controle do medo. Há dois tipos de fortaleza, dependendo se é dirigida a um bem natural, ou a um bem sobrenatural.

Um soldado, por exemplo, que enfrenta os perigos da batalha por amor ao país, pratica a fortaleza natural. Mas o santo que supera todas as dificuldades e perigos em prol da glória de Deus e da salvação de sua alma, prática fortaleza sobrenatural.

É na presença do medo da morte que a fortaleza atinge o seu auge; e por isso atinge o pico mais alto da fortaleza sobrenatural: o martírio. Estamos aqui interessados apenas com a fortaleza sobrenatural.

Esta virtude em prática, atinge o seu auge na vida do Nosso Divino Senhor: antes de tudo Ele foi Redentor — Deus na forma de um homem, que salvou os homens, dos quais Ele foi Rei e Capitão. "Porque Deus não enviou o seu Filho ao mundo, para julgar o mundo, mas para que o mundo seja salvo por Ele." (João 3:17)

O Seu batismo foi a morte, e Ele foi "amarrado até ser realizada."(Lucas 12:50) Sendo verdadeiramente um homem, Ele sentiu o medo que todo o homem normal sente perante o perigo. "Meu Pai, se for possível, afaste de mim este cálice."(Mateus 26:39); mas resignado aos negócios do Pai, acrescentou: "Todavia, não como Eu quero, mas como Tu queres." (Mateus 26, 39)

Nenhuma dificuldade, por maior que fosse, o dissuadiu do propósito Divino de dar a vida pela redenção de muitos. Nem mesmo "doze legiões de Anjos"(Mateus 26:53) permitiu que Lhe desse consolo na Sua hora mais sombria; nem mesmo uma droga Ele tocaria aos lábios para amortecer as dores na Cruz.

Salomão de outrora dissera: "Dai bebida forte aos que estão tristes, e vinho aos que estão tristes em mente: bebam e esqueçam a sua carência, e não se lembrem mais da sua tristeza." (Provérbios 31:6,7)

O Talmud diz que era costume colocar um grão de incenso no gole dos condenados à morte, para amortecer a sensação de dor.

Ele se recusou a beber esse gole inebriante quando as Suas mãos e pés foram pregados numa árvore da Sua própria criação. (Mateus 27:34) Ele avança corajosamente para as coisas elevadas de Deus. Ele encontrou a morte em plena posse das Suas faculdades – sem medo.

Mas este não foi ainda o momento da Sua maior fortaleza: quando por Sua própria submissão, a morte flutuava sobre Ele, pois "ninguém a tira de mim, mas eu a dou de mim mesmo"(João 10:18), a Sua primeira palavra da Cruz não é por legítima defesa, nem um protesto da Sua própria inocência, nem por medo da morte ou um pedido de libertação, nem mesmo por medo dos inimigos.

O medo da morte faz com que a maioria dos homens se afaste de fazer o bem. Faz até que os homens inocentes pensem em si próprios, quando proclamam a sua inocência aos seus carrascos. Mas com Ele, a fortaleza atinge o auge do auto esquecimento. Na cruz, só pensou na salvação do próximo.

Pois a Sua primeira palavra não é sobre a morte, mas sobre o bem que ela realizará; não Se dirige aos Seus amigos, aos Seus apóstolos ou aos Seus crentes que proclamarão o Seu evangelho, mas àqueles que O odeiam, aos Seus apóstolos e à Sua Igreja: "Pai, perdoa-lhes, porque não sabem o que fazem." (Lucas 23, 34).

Muitas vezes, durante a Sua vida, Ele pregou: "Amai os vossos inimigos: fazei o bem aos que vos odeiam."(Mateus 5:44) Agora, sendo suficientemente forte para ignorar a morte, Ele, o Conquistador, concede aos Seus conquistadores momentâneos, exatamente aquilo que haviam perdido pelos seus pecados – o perdão.

Por que apela Ele a Seu Pai para perdoar, e não perdoa mesmo diretamente? Porque Ele está olhando para a crucificação não dum ponto de vista humano, mas Divino. Ao matar o Seu Filho Divino, eles estavam injuriando o Pai. A crucificação não é assassinato; é deicídio.

O assassinato é um pecado contra Deus, O qual entregou a vida humana aos cuidados humanos. O deicídio é um pecado contra Deus, O qual confiou a Vida Divina ao amor humano. Não era uma vela de uma vida humana que os carrascos estavam apagando; era o sol que tentavam apagar.

O sol do meio-dia nunca se escureceu por um assassinato, mas escondeu o seu rosto de vergonha quando a Luz do Mundo entrou no eclipse momentâneo da morte.

Nenhuma proclamação mais forte da Sua Divindade poderia ter sido proferida, do que pedir ao Filho Divino que perdoasse aos filhos dos homens pelas suas Gólgotas, as suas suásticas, e as suas foices e martelos. Se Ele fosse apenas um homem, Ele teria pedido pelo Seu próprio perdão; mas sendo Deus, Ele pediu ao Pai para perdoar os homens.

A Escritura não registra que ninguém, exceto o Ladrão à direita, ao ouvir aquele grito, se arrependeu, ou mesmo se arrependeu de ter cravado os pregos e desenrolado a bandeira da Cruz aos quatro ventos do mundo. Não há um único registro de que alguém tenha expressado o desejo de segui-Lo, ou que tenha sido tocado pela Sua calma sob fogo.

Desta maneira, o maior ato de bravura do mundo, tornou-se momentaneamente estéril, no momento quando Aquele que era descuidado consigo mesmo se tornou atencioso com os outros. Todos estavam aparentemente satisfeitos por se sentar e assistir.

Mas Ele morreu por um mundo maior do que o Calvário, e sofreu por colheitas maiores do que Jerusalém. "Eu morro não só por eles, mas também por aqueles que, pela sua palavra, crerão em mim." (João 17:20)

Agora, já que o medicamento foi preparado pelo Médico Divino, aplicamo-lo ao primeiro dos nossos três tipos de almas, nomeadamente, aqueles que sofrem e choram dizendo: "O que fiz para merecer isto?"

Há muitos homens e mulheres de bem, nos leitos de dor, com os corpos atormentados por longas doenças, os seus corações partidos pela desgraça e tristeza, ou as suas mentes torturadas pela perda irreparável de amigos e fortuna. Se essas almas querem paz, precisam reconhecer que neste mundo não há conexão intrínseca entre o pecado pessoal e o sofrimento.

Um dia "Jesus ao passar, viu um homem, que estava cego desde nascer. E os seus discípulos perguntaram: Rabino, quem pecou? Este homem, ou os seus pais, para que nascesse cego? Jesus respondeu: Nem ele pecou nem os seus pais." (João 9:1-3)

Isso coloca-nos frente a frente com a verdade imperscrutável de Deus, a qual não conseguimos compreender, tal como um rato dentro de um piano não consegue compreender por que razão está sendo perturbado quando o músico toca. As nossas mentes insignificantes não conseguem entender os mistérios de Deus. Mas há duas verdades básicas, que as almas tão sobrecarregadas nunca devem renunciar. Caso contrário, nunca encontrarão paz. Em primeiro lugar, Deus é amor.

Por isso, tudo o que Ele fizer comigo merece a minha gratidão, e eu direi "obrigado". Deus ainda é bom, embora Ele não me dê o que eu quero neste mundo. Ele só me dá o que eu preciso para o mundo que há de vir. Os pais não dão pistolas para meninos de cinco anos brincar, embora haja dificilmente um menino de cinco anos que não queira uma arma. Como disse Jó: "Se recebemos coisas boas pelas mãos de Deus, por que não devemos receber o mal?" (Jó 2:10)

Em segundo lugar, a recompensa final pela virtude não vem nesta vida, mas na próxima. Assim como as tapeçarias são tecidas não pela frente, mas por trás, também nesta vida vemos apenas a parte de baixo do plano de Deus.

«A minha vida não passa de uma tapeçaria
Entre mim e o meu Deus.
Eu só posso escolher as cores
Ele trabalha habilmente.

Muitas vezes Ele escolhe a tristeza,
E eu, com orgulho insensato,
Esquece que Ele vê o de cima,
E eu o lado de baixo.»
Padre Tabb

Não devemos deixar o mundo decidir os nossos humores; o mundo deve girar a nossa volta, e não o contrário. Assim como a Terra na sua revolução à volta do sol, levaremos conosco a nossa própria atmosfera – resignação à vontade de Deus. Então nada pode acontecer contra a nossa vontade, porque a nossa vontade é a vontade de Deus.

Isto não é fatalismo, que é sujeição a uma necessidade cega; mas é a paciência, que é a resignação à vontade do Amor Divino, o qual, no fim de tudo, não pode desejar senão a felicidade eterna e a perfeição daquele que é amado.

O fatalismo é um disparate, como provou o homem que andava precariamente sobre o corrimão de um navio, no meio de uma tempestade, quando disse aos espectadores preocupados: "Sou um fatalista."

Mas ter uma resignação paciente, é exemplificada pela criança que disse ao pai: "Papai, não sei por que quer que eu vá ao hospital, fazer essa operação; dói. Mas só sei que me amas."

O choque da tristeza só chega àqueles que pensam que este mundo é fixo e absoluto, e que não há mais nada além disto. Eles acham que tudo aqui deve ser perfeito. Por isso, fazem tais perguntas: "Por que devo sofrer? O que fiz para merecer isto?" Talvez não tenha feito nada para o merecer. Certamente, Nosso Senhor não fez nada para merecer a Sua Cruz. Mas veio, e através dela, Ele foi para a Sua glória.

A virtude a ser cultivada então por tais almas, é o que se conhece como Paciência. Paciência e Força estão relacionadas, assim como os lados convexos e côncavos de um pires. A fortaleza é exercida na luta ativa contra os perigos e as dificuldades, enquanto a paciência aceita passivamente o que é difícil de suportar.

Nosso Senhor na Cruz praticou a Fortaleza, quando foi ao encontro, livre e destemidamente, da morte, para comprar o nosso perdão; Ele praticou a Paciência por aceitar passivamente a vontade do Pai.

Sendo Deus, Ele poderia ter descido da Cruz. Doze legiões de anjos poderiam ter ministrado às Suas feridas; a Terra poderia ter sido o seu banquinho, os mares como bálsamo curativo, o sol como a sua carruagem, os planetas o seu cortejo, e a cruz o seu trono triunfal. Mas Ele quis aceitar a morte para nos dar o exemplo: "Pai, não seja feita a minha vontade, mas a tua." (Lucas 22:42)

A Paciência é a aceitação passiva da vontade de Deus. A paciência, sendo outras coisas iguais, é mais nobre do que a Fortaleza; porque no trabalho ativo podemos escolher o que nos agrada e, assim, por vezes, enganamo-nos a nós próprios; mas é sempre a vontade de Deus ter resignação às cruzes da vida.

"Através da paciência", disse Ele, "possuireis as vossas almas."(Lucas 21:19) Pela Sua Paciência, Ele possui a Sua alma, pois Ele não escolheu a Sua Cruz; foi feita para Ele. Ele estava ajustado e padronizado a ela; quase poderíamos dizer que foi cortado para nela ser encaixado.

Aceitar a Cruz que Deus nos envia como Ele aceitou a que Lhe foi dada, mesmo que não a merecemos, é o caminho mais curto para a identificação com a vontade de Deus, e é o princípio do Poder e da Paz: Poder, porque somos um com Aquele que É Todo Poderoso; Paz, porque estamos tranquilos no amor de Aquele que é justo.

Será que ousamos chamarmo-nos Cristãos, e esperar outro caminho para o Céu senão aquele que o próprio Cristo percorreu? O amor lidera o caminho – basta seguirmos o Amado, sabendo que Ele ama e cuida. Então, em vez de procurarmos um caminho sem obstáculos para alcançar Deus, faremos, como obstáculos na corrida da vida, uma corrida a partir de obstáculos.

Abraçar as cruzes da vida, por serem dadas pelo Amor na Cruz, não significa que nenhum de nós chegue ao ponto em que a nossa natureza esteja disposta a sofrer. Pelo contrário, a nossa natureza rebela-se contra o sofrimento, porque é contrário à natureza. Mas podemos aceitar sobrenaturalmente o que a natureza rejeita, assim como nossa razão pode aceitar o que os sentidos rejeitam.

Os meus olhos dizem que não devo deixar o médico perfurar o furúnculo, pois vai doer. Mas a minha razão diz que os meus sentidos devem submeter-se à dor momentânea, em prol de um futuro bem. Assim, por razões sobrenaturais, podemos querer suportar os males inevitáveis da vida. A Primeira Palavra da Cruz sugere fazê-lo em prol da remissão dos pecados: "Perdoai-lhes."

No mundo dos negócios, contraímos dívidas e reconhecemos a nossa obrigação e dever de pagá-las. Então, por que pensamos que no mesmo universo moral podemos pecar com impunidade? E se carregamos as marcas da Cruz, em vez de nos queixarmos contra Deus, pensemos ocasionalmente em oferecê-las a Deus, pelos nossos próprios pecados, ou pelos pecados dos nossos vizinhos.

De todos os disparates que o nosso mundo moderno inventou, nada supera as frases de efeito que damos aos infelizes ou aos doentes, tais como: "Mantenha o queixo levantado" ou "Esqueça isso." Isto não é consolo, mas uma droga. A consolação vem quando se explica o sofrimento, não quando o esquecemos; ao relacioná-lo com o Amor, não o ignorando; ao torná-lo uma expiação pelo pecado, não em outro pecado. Mas quem compreenderá isto, se não olhar para uma cruz e não amar O Crucificado?

O segundo tipo de alma que pode receber ajuda através desta Primeira Palavra da Cruz, é aquela que possui o grande dom da Fé, mas por amor ao mundo, a esconde ou nega. Isto aplica-se aos Católicos mornos que dizem: "Claro que comi carne na sexta-feira, durante a festa. Achas que queria que todo o mundo risse de mim?" e, "Sim, mandei o meu filho para uma faculdade que não é Católica. Sabe, eles lá são mais sociais, e não quero que ele conheça filhos de policiais." Ou: "Quando aquele cara do escritório ridicularizou a Missa, eu não disse que era Católico, pois o chefe é contra os Católicos, e eu poderia ter perdido o meu emprego."

Sem dúvida, tais Católicos 'sem espinha' podiam mais facilmente se encaixar no espírito do mundo, se desistissem da sua fé. Homens de negócio poderiam então enfrentar o desafio de cinzelar concorrentes; a paixão da juventude poderia ter a sua aventura; os maridos podiam ter segundas esposas; as esposas poderiam ter terceiros maridos; tanto o marido como a mulher poderiam encontrar uma alternativa ao autocontrole e, assim, escapar à pobreza comparativa, inerente na constituição de uma família; os políticos poderiam melhorar as suas hipóteses de eleição se fossem menos Católicos; os advogados poderiam ser mais ricos se não tivessem de confessar os seus pecados, e fazer restituição; os médicos poderiam ser mais ricos se fossem menos conscientes, e deixassem de acreditar na Justiça Divina.

Não há como contestar o fato de que os Católicos poderiam dar-se melhor com o mundo se fossem menos Católicos.

Nas palavras de nosso Divino Senhor, não se encontra uma frase sequer, prometendo sermos amados pelo mundo por causa da vossa fé. Mas pode-se encontrar uma sequência dourada de textos advertindo que vai ser odiado pelo mundo por pertencer a Cristo: "Se fossem do mundo, o mundo amaria o que era seu: mas porque não são do mundo, antes eu os escolhi fora do mundo, por isso o mundo os odeia." (João 15:19)

"Portanto, todo aquele que me confessar diante dos homens, Eu também o confessarei diante do meu Pai que está nos Céus. Mas aquele que me negar diante dos homens, Eu também o negarei diante do meu Pai que está nos Céus. E aquele que não levanta a sua cruz e me segue, não é digno de Mim. Aquele que encontrar a sua vida perdê-la-á, e aquele que perder a sua vida por Mim, encontrá-la-á." (Mateus 10:32-33, 38-39)

"Quão estreita é a porta, e estreito o caminho que conduz à vida: e poucos são os que a encontram." (Mateus 7:14)

"Aquele que se envergonhará de Mim e das minhas palavras nesta geração adúltera e pecadora: o Filho do homem também se envergonhará dele, quando vier na glória do Seu Pai, com os santos anjos." (Marcos 8, 38; cfr Lucas 9, 26)

"Se sofrermos, também reinaremos com Ele. Se o negarmos, Ele também nos negará." (2 Timóteo 2:12)

"E, se a tua mão direita te escandalizar, corta-a e atira-a para longe de ti, porque é melhor que um dos teus membros se perca, do que todo o teu corpo seja lançado no inferno." (Mateus 5:30)

Os verdadeiros seguidores de Cristo deveriam estar em desacordo com o mundo: os puros de coração serão ridicularizados pelos Freudianos; os mansos serão desprezados pelos Marxistas; os humildes serão atropelados pelos ambiciosos; os Saduceus liberais chamar-lhes-ão reacionários; os Fariseus reacionários chamar-lhes-ão liberais.

E Nosso Senhor assim advertiu: "Bem-aventurados sois vós, quando vos injuriarem, e vos perseguirem, e inveridicamente falarem todo o mal contra vós, por minha causa: Alegrai-vos, porque a vossa recompensa é muito grande no Céu. Porque também foram perseguidos os profetas que estavam entre vós." (Mateus 5:11)

Um apelo é feito a todos os Católicos que se comprometem, para que pratiquem a fortaleza do Salvador na Cruz. Pois ao querer perdoar-nos, Ele não pensou na morte, e para que pudéssemos receber o Seu perdão, nos ensinou a calar o desprezo do mundo.

Não devemos esquecer a palavra do Nosso Salvador: "Mas qualquer que me negar diante dos homens, eu o negarei também diante de meu Pai, que está nos Céus." (Mateus 10:33) E se os Católicos não forem fortes no seu amor a Cristo, e por causa de Cristo, então que sejam fortes por medo do escândalo da sua fraqueza.

O exemplo de um mau Católico é mais frequentemente invocado como justificação para o mal. Porque é que o mundo está mais escandalizado com um mau Católico do que com um mau 'qualquer outra coisa', se não for por causa que a sua queda é legitimamente medida pela altura de onde caiu?

E não deixe que esta fortaleza seja uma fortaleza musculosa ou abusiva, mas uma fortaleza suficientemente corajosa para declarar crença em Deus, mesmo no meio de inimigos que nos podem pregar na cruz do desprezo; uma fortaleza como a de Eleazar, o qual, quando sendo ordenado por Antíoco, inimigo dos Judeus a comer carne proibida, e que sendo aconselhado pelos próprios amigos a fazê-lo, respondeu: "Pois tal pretensão não é digna da nossa época... dissimular . . . Mesmo que, por enquanto, eu pudesse evitar os castigos dos homens, ainda assim, quer eu viva ou morra, não escaparei do castigo do Todo-Poderoso." (2 Macabeus 6:24, 26).

O terceiro tipo de alma a quem esta Primeira Palavra oferece fortaleza, compreende aqueles que estão convencidos da verdade da Fé, mas não estão dispostos a pagar o preço. É preciso pagar um preço pela conversão, mas para eles, esse preço é desprezível. Muitas almas estão posicionadas entre a convicção interior de que a Igreja é verdadeira, e a certeza de que, se a abraçarem, vão fazer inimigos.

Se eles escolhem cruzar este limiar, se deparam com um tipo de hostilidade velada, disfarçada por amizade. Podem ser acusados de terem perdido a razão; os seus empregos podem ficar em perigo; os seus amigos que acreditavam na liberdade de consciência, podem agora voltar-se contra eles porque agiram conforme as suas livres consciências; o seu amor pela liturgia será desprezado, como superstição, e a sua fé sobrenatural será chamada por credulidade.

Se eles se juntassem a um culto louco, ou se tornassem um adorador do sol, ou um seguidor iogue, ou fundassem uma nova religião, os seus amigos diriam que agiram dentro de seus direitos constitucionais; mas, quando se juntam à Igreja, alguns dirão que perderam a cabeça, como acusaram Nosso Senhor de ter um diabo.

Porque ha tal revolução de atitude, quando o limiar da Igreja é ultrapassado? Muito simplesmente porque entrar na Igreja nos eleva a outro mundo: o mundo sobrenatural. Dá-nos um novo conjunto de valores, um novo objetivo, novas maneiras de pensar, novos padrões de julgamento, todos eles opostos ao espírito do mundo.

O mundo, com o seu ódio à disciplina, a sua cortesia para com tudo carnal, e indiferença para com a verdade, não pode tolerar uma vida baseada no primado de Cristo e na salvação das almas. "Eu vos escolhi fora do mundo, por isso o mundo vos odeia. Se fossem do mundo, ele os adoraria ... [mas] sabem que me odiou primeiro." (João 15:19, 18)

Hoje em dia, a maioria das pessoas quer uma religião que se adapte à sua forma de viver, em vez de uma religião que lhes faça exigências. O resultado é que, para popularizar a religião, muitos profetas diluíram a religião, até se dificilmente distinguir do secularismo sentimental. A religião torna-se assim um luxo, tal como uma ópera, e não uma responsabilidade como a vida.

Não há dúvida de que uma religião que faz concessões à fraqueza humana será popular; como por exemplo: uma que nega o inferno para aqueles que são injustos, e é silenciosa sobre o divórcio para aqueles que repudiaram os seus votos de casamento.

Mas, como Católicos, não podemos adulterar a mensagem de Cristo; porque a religião é obra dele, não nossa. Além disso, a única religião que vai ajudar o mundo, é aquela que contradiz o mundo.

A maioria dos Americanos ficaram tão desiludidos com um Cristo sem Cruz, que agora olham para trás, para a Cruz, como um único ponto de referência que dá sentido à vida. Podem não saber exprimir o conflito interior, mas percebem vagamente que toda a infelicidade é devida a um conflito de vontades: as zangas familiares surgem disso; a miséria das almas surge disso também, quando a nossa vontade egoísta contradiz a vontade Divina.

Acabamos de descobrir, que se encontra a paz quando identificamos a nossa vontade com a de Deus, que deseja a nossa perfeição. Quando desobedecemos à Sua vontade, não estamos a afirmar a nossa independência; estamos sim a mutilar a nossa personalidade, pois podemos mutilar uma navalha usando-a para cortar uma árvore. Sendo feitos para Deus, só podemos ser felizes com Ele.

Toda a nossa miséria é atribuível a essa rebelião. Toda a nossa paz é rastreável ao treinamento das nossas inclinações inferiores ao serviço a Deus. Daí a Cruz, símbolo daquele sacrifício inspirado pelo amor.

A SEGUNDA VIRTUDE
- Esperança -

" Hoje, estarás comigo no Paraíso."

A NOSSA PREOCUPAÇÃO ATUAL é com dois tipos de almas: as desesperadas, e as presunçosas: ou aquelas que dizem: "Eu sou perverso demais, para Deus se interessar por mim", ou aquelas que dizem: "Oh, eu não preciso de me preocupar com os meus pecados. Deus cuidará bem de mim no final."

Ambas as afirmações são pecados de exagero. O primeiro é o pecado do desespero, que exagera a Justiça Divina; o segundo é o pecado da presunção, que exagera a Misericórdia Divina. Deve haver um 'meio dourado', onde a 'Justiça e misericórdia se beijam', como diz o Salmista, e essa é a virtude da Esperança.

A virtude da Esperança é bem diferente da emoção da esperança. A emoção centra-se no corpo, e é uma espécie de desejo sonhador, pelo qual podemos ser salvos sem muito esforço. A virtude da Esperança, no entanto, está centrada na vontade, e pode ser definida como uma disposição divinamente infundida da vontade, pela qual, com confiança segura, graças à ajuda de Deus Todo-Poderoso, esperamos perseguir a felicidade eterna, usando todos os meios necessários para alcançá-la.

A virtude da Esperança não está no futuro dos tempos, mas além do sepulcro, na eternidade; o seu objeto não é a vida abundante na Terra, mas o amor eterno de Deus.

Nenhum palco estava mais bem preparado para o drama da Esperança do que o Calvário. Sete séculos antes, Isaías havia profetizado que Nosso Divino Senhor seria contado com os ímpios. Nesta hora, a profecia é cumprida quando dois ladrões, como cortesãos profanos, guardam involuntariamente o Rei dos Reis. Nada melhor poderia revelar o desprezo no qual estava preso o Filho de Deus, do que tê-lo crucificado entre dois ladrões comuns.

A este ridículo de companhia profana, juntou-se o escárnio de um desfile que passava diante do trono da Cruz central. Os Evangelistas observam-nos à medida que passam: governantes, soldados e transeuntes. "E o povo ficou contemplando, e os governantes com eles o ridicularizaram, dizendo: Ele salvou os outros; salve-se a si mesmo se for Cristo, o eleito de Deus."(Lucas 23:35) "E os soldados também zombavam dele, vindo até Ele e oferecendo-lhe vinagre." (Lucas 23:36) "E os que passavam, blasfemaram, abanando a cabeça e dizendo: tu que vais destruir o templo de Deus, e em três dias o reconstruirás; salva-te; e se és Filho de Deus, desce da cruz." (Mateus 27:39-40)

Olhando para aquele espetáculo de três cruzes, de silhueta contra um céu negro e assustador, vê-se em perspectiva o julgamento futuro do mundo; o Juiz no centro e as duas divisões da humanidade de ambos os lados: as ovelhas e as cabras; os bem-aventurados e os perdidos; os que amam e os que odeiam; porque o fim será como o princípio, exceto que Cristo aparecerá para o julgamento final não na cruz da ignomínia, mas com a Cruz na glória nas nuvens do Céu.

O desenvolvimento espiritual do ladrão à direita, revela como a esperança nasce primeiro do medo, e depois, da fé. A sua conversão começou quando o medo se apoderou dele. Tal como o ladrão da esquerda, também blasfemou contra o Homem na Cruz central. Então, de repente, virando a cabeça, deu um grito que passou pelo rosto da Misericórdia Divina, para o seu companheiro ladrão, que estava a blasfemar: "Tu não ainda temes a Deus, vendo que estás sob a mesma condenação? E nós, em verdade, justamente, porque recebemos a devida recompensa dos nossos atos; mas este homem não fez mal algum." (Lucas 23:40-41)

O temor de Deus de que este ladrão falava, não era um temor servil de serem punidos por Deus pelos roubos cometidos; era antes um medo filial, baseado na reverência – um medo de desagradar Àquele que nada fizera para merecer uma morte tão humilhante.

Temos a primeira lição: a esperança começa com o medo; a esperança envolve o medo, porque a esperança não é equivalente a ter certeza. Podemos, é claro, ter certeza de que Deus nos ajudará, e nos dará força suficiente para sermos salvos, mas não podemos ter certeza de que seremos sempre fiéis à Sua Graça.

Deus não nos faltará; não precisamos de ter medo a esse respeito. Mas podemos falhar a Deus. A certeza de que estou a caminho de Deus, não exclui o medo de que, por alguma culpa minha, eu possa não chegar à Sua Santíssima Presença.

Observe o próximo passo em direção à esperança do bom ladrão, pois o seu medo levou à fé, pois: "O temor do Senhor... é sabedoria..." (Jó 28, 28)

Num único momento, uma alma com temor genuíno de Deus pode chegar a uma compreensão maior do propósito da vida, do que numa vida gasta no estudo das filosofias efêmeras humanas. É por isso que as conversões no leito de morte podem ser conversões sinceras. A alma endurecida não crê em Deus, até aquele momento terrível onde não tem ninguém para enganar além de si mesmo. Quando a faísca do salutar temor de Deus saltou para a alma do ladrão, vinda da fornalha flamejante daquela Cruz central, o medo deu lugar à fé. As suas palavras que seguiram, foram de fé.

Cristo já não era um homem inocente, nem um novata exilado, nem um monarca simulado. Ele era um Rei! Esses espinhos eram a Sua coroa; aquela Cruz era o seu trono; Ele tinha Poder Onipotente; aquele prego era o seu cetro; Ele era Salvador – é por isso que Ele perdoou os Seus inimigos.

Do fundo do coração do ladrão, brotou a esperançosa súplica: "Lembra-te de mim quando entrares no Teu reino."(Lucas 23:42) Não podia desejar o que não sabia; não podia esperar aquilo em que não acreditava. O ladrão tinha fé no Filho de Deus; agora ele podia ter esperança.

E essa esperança, nascida do medo e da fé, recebeu a sua resposta imediata: "Hoje estarás comigo no paraíso." (Lucas 23, 43)

Por cima dos gritos e blasfêmias estridentes de outros gritando "Ele mesmo não pode salvar!", ele ouviu: "Hoje." Tinha apenas feito um pedido futuro, mas a resposta foi mais do que esperava: "Hoje." Os seus braços ainda estavam presos, mas ele os sentiu soltar quando ouviu: "Hoje"; o seu corpo ainda estava atormentado pela dor, mas ele o sentiu refrescar com: "Hoje." A sua vida tinha pouco valor – mas a sua alma assumiu valor eterno ao ouvir: "Hoje... Paraíso." Um ladrão aprendera a chamar de 'Senhor', Àquele que desprezava. E o Senhor pode perdoar os seus pecados... Tal é o princípio da Esperança.

Havia dois ladrões: um que amava e outro que odiava. Cada um estava numa cruz. Nem os bons nem os maus escapam à cruz. Um ladrão foi salvo; portanto, que ninguém se desespere. Um ladrão perdeu a sua alma; portanto, que ninguém presuma.

Os dois extremos a evitar, então, são a presunção e o desespero. A presunção é um excesso de esperança, e o desespero é um defeito de esperança. A presunção é uma confiança desmedida na Misericórdia Divina, uma esperança de perdão sem arrependimento, um Céu sem mérito.

Uma palavra para os presunçosos que esperam fazer as pazes com Deus numa conversão no leito de morte, e que dizem: "Deus não me enviaria para o inferno", ou "Eu vivi uma vida bastante decente, então não tenho nada com que me preocupar", ou "Eu sei que sou um pecador, mas não pior do que o meu próximo; por que devo me preocupar? Deus é misericordioso."

Quando faz a afirmação 'Deus é bom', o que está a querer dizer? Só isto: "Deus é insensível ao mal. Ele é bom porque ignora a minha maldade." Esquece que Deus é bom precisamente porque Ele é inimigo do mal. Um homem saudável não é indiferente à doença; nem um governo é bom porque ignora crimes e injustiças. Por que então deveria pensar que Deus será complacente com aquilo que se recusa a aceitar nos outros?

Se realmente acreditasse que Deus é bom, não teria problemas de O ofender? Não faz tanto para com os seus amigos? Quanto mais nobre a pessoa é, mais teme ofendê-la. E mesmo para aqueles que não ama, mostra respeito.

Será que vai então explorar a Bondade Divina, e enganar Aquele em quem deposita a confiança da salvação? Esquece de que a Bondade, quando ferida pelo cinismo, vinga-se?

Se perder os seus amigos no mundo por prostituir a sua generosidade, não perderá da mesma maneira o seu Amigo Celestial por presumir? Fará da Misericórdia Divina a desculpa para pecar ainda mais? Será que não há para cada vida um último perdão, tal como há também um último pecado? Será que não atribuímos a cada um de nós um último pecado, que enche o 'saco dos pecados', e sela a nossa eternidade?

Podemos pecar mil vezes e ser perdoados, mas tal como o homem que saltou para dentro do rio cem vezes, e cada vez foi resgatado pelo homem na ponte, o socorrista pode dizer: "Um dia você vai se atirar ao rio, e talvez não estarei aqui para o resgatar."

Todos nós temos de perceber que, quando pecamos, viramos as costas a Deus. Ele não nos vira as costas. Se quisermos ver de novo o Seu rosto, devemos nos virar, isto é, afastar do pecado. Isto é o que se entende por conversão.

"Voltai-vos para mim, diz o Senhor dos Exércitos." (Zacarias 1:3)

Deus não pode nos salvar sem esta conversão; se morrermos impenitentes no nosso pecado, seremos para sempre separados de Deus. Onde a árvore cai, lá fica. Após a morte, não há reversão de valores.

Não se pode amar o pecado durante a vida, e começar a amar a virtude na morte. As alegrias do Céu, são a continuação das alegrias semelhantes a Cristo da terra. Não desenvolvemos um novo conjunto de amores com o nosso último suspiro. Colheremos na eternidade apenas o que semeamos na Terra. Se amamos o pecado, colheremos a corrupção; mas nunca colheremos uvas de cardos.

A Justiça de Deus não é separável da Sua Bondade. Se Ele não fosse Justo, Ele não seria Bom. Porque ser a Bondade, a Sua Justiça perdoa; por ser a Justiça, a Sua Bondade acaba. O ladrão à direita viu a necessidade da Justiça, quando admitiu: "Sofremos justamente"; por isso sentiu imediatamente a resposta do Bem: "Hoje... Paraíso."

Então, que os nossos supostos modernos, não amontoam pecado sobre pecado, e pensem que podem insultar a Deus até que o seu contrato de vida se esgote e, em seguida, esperar um arrendamento eterno numa das mansões do Pai. Acha que Aquele que foi para o Céu através de uma Cruz, pretendia que fossemos para lá através do pecado?

Vamos considerar o outro tipo de alma: a que desespera. Tal como a presunção esquece a Justiça Divina, também o desespero esquece a Misericórdia Divina. O desespero moderno não é apenas sobre a existência da vida eterna, da qual dúvida, mas até mesmo sobre a vida aqui na terra, da qual zomba. Nunca na história do Cristianismo se encontrou desespero tão abismal. Hoje há por toda a parte, uma antecipação da catástrofe, uma sensação terrível de imprevisibilidade, e de desastre iminente.

No passado, os homens recuperavam do desespero, quer regressando às glórias do passado, quer esperando ansiosamente por uma coroa para além da cruz; mas agora que as mentes perderam a fé em Deus, elas só têm este mundo para lhes dar esperança. Uma vez que isso se volta contra eles, eles sentem uma ruptura consciente com a esperança. Amaldiçoam uma existência sem sentido, sucumbem a uma exasperação contínua com a incerteza, e cedem a uma intenção suicida de escapar ao inescapável.

Há duas causas do desespero moderno: a sensualidade e a tristeza. É um facto que os poetas que mais ridicularizaram a vida futura, e os escritores que mais desprezaram o pecado e a Justiça Divina foram, eles próprios, os mais abandonados à sensualidade.

Os cantores da volúpia são sempre os cantores do desespero. Isso porque a sensualidade produz uma desilusão contínua. Os seus prazeres devem ser repetidos por nunca dar satisfação; por isso, deixam com fome onde mais saciam.

Sendo enganados tantas vezes pelas promessas sedutoras carnais, os viciados sentem que toda a vida é um engano. Tendo sido enganados por aquilo que prometia prazer, concluíram que nada pode dar prazer. O fruto do pessimismo floresce na árvore de uma vida dissoluta.

De outro ponto de vista, a sensualidade gera desespero porque, por sua própria natureza, é direcionada a um objeto sensual, e uma dedicação excessiva ao carnal mata a capacidade do que é espiritual. Mãos delicadas, ao manusear pedras ásperas, perdem a sua habilidade, e as almas perdem o seu apetite pelo Divino por apego indevido à carne. Os olhos que se recusam a olhar para a luz, logo perdem o poder de ver: "Tendo olhos, [eles] não vem." (Marcos 8:18)

A esperança implica amor; mas se o amor está centrado no corporal, a alma fica morta a tudo o que não é carnal: encontra cada vez menos satisfação no dever, na família, no trabalho, na profissão e, acima de tudo, em Deus. Só há tempo para a alegria perversa a que se é escravo.

Por conseguinte, a vida futura, o Céu e a Cruz deixam de mover tal pessoa. Não há desejo senão biológico; o futuro começa a parecer nojento. De uma etapa onde não há tempo para Deus, eles chegam a outra onde não há gosto por Deus. Assim um mundo, que trocou o verdadeiro amor pelo sexo, paga a sua terrível pena no desespero, que torna a vida sem sentido porque fez da sua própria vida um naufrágio.

A segunda causa de desespero é a tristeza. Não o tipo de tristeza causada por uma morte, mas sim uma rendição a estados de depressão devido a consciência do pecado e de indignidade. Muitas quedas produzem melancolia; derrotas repetidas induzem ao desespero.

São Paulo fala dos excessos carnais e da ganância pelo dinheiro, como se fossem as débeis compensações para aquele que experimenta a melancolia induzida pelo pecado multiplicado: "Os que desesperam, se entregaram à lascívia, à obra de toda a impureza, até à cobiça." (Efésios 4, 19)

O desespero, nascido por perda de Deus, também termina em perseguição. Na sua impiedade, tais almas matariam o Deus que deixaram atrás. É por isso que onde quer que se encontre um governo ateu no mundo de hoje, se encontrará "expurgos". Por não serem capazes de tolerar a sua própria tristeza interior, devem compensá-la matando a esperança nos outros.

Cada alma desesperada deve decidir por si mesma a razão pelo desespero. Independentemente de quão multiplicados ou gravosos tenham sido os seus pecados, ainda há espaço para esperança. Nosso Senhor nos assegura com as Suas verdadeiras palavras: "Porque não vim chamar os justos, mas pecadores."(Marcos 2, 17); e numa outra ocasião:;; Haverá alegria no Céu por um pecador que se arrepende, mais do que por noventa e nove justos que não precisam de arrependimento."(Lucas 15:7)

Se Ele perdoou o ladrão, e Madalena, e Pedro, por que não você? O que deixa muitos tristes na velhice não é que as suas alegrias já não existem, mas que as suas esperanças não se concretizaram. As esperanças aqui na Terra podem diminuir com os anos, mas não a Esperança Celestial. Não obstante o fardo pecaminoso dos anos, a misericórdia de Deus é maior do que as suas falhas.

Só quando Deus deixar de ser infinitamente misericordioso, e só quando começarmos a ser infinitamente maus, é que haverá motivo para desespero, e isso nunca vai acontecer; Pedro negou Nosso Senhor, mas Nosso Senhor não negou Pedro. O ladrão amaldiçoou Cristo, mas Ele não amaldiçoou o ladrão. Se nunca tivéssemos pecado, jamais poderíamos chamá-Lo por Cristo Salvador.

O Convite Divino nunca foi anulado: "Vinde a mim, todos vós que estais cansados e sobrecarregados, e Eu vos refrescarei." (Mateus 11, 28) Esse convite não é apenas para os cansados; é também para os pecadores.

Se insistir que tem nojo de si mesmo, lembre-se que pode chegar a Deus até mesmo por uma sucessão de nojos. O que significa o seu nojo, exceto que tudo o que pertence perdem sua habilidade à Terra lhe falhou? Essa é uma das maneiras pelas quais Deus faz sentir fome pelo que é Divino. Não já não tem desejo por comida quando tem fome? Você não deseja a água quando está com sede?

O seu próprio desgosto, se o conhecesse, é o apelo longínquo da Misericórdia Divina. Se então a pobreza dos seus méritos faz com que se afaste da Presença Divina, então deixe que as suas necessidades sejam a atração por Ele.

A razão principal do aumento de distúrbios nervosos no mundo, é devido à culpa escondida, ou seja, o pecado não expiado, trancado no interior até que se esfriou. Essas almas estão correndo para psicanalistas para ter os seus pecados explicados, quando o que precisam é de se ajoelhar e acertar contas com Deus.

Quando nos revoltamos com nossos pecados, podemos entrar no confessionário, acusar-nos, ouvir as palavras de absolvição, dadas pelo próprio Senhor, fazer as pazes e recomeçar a vida, pois nenhum de nós quer que nossos pecados sejam explicados; queremos que sejam perdoados. Este é o milagre do Sacramento da Penitência, e o reacender da Esperança.

«Se me tivesse sentado a ceia com o Senhor
E deitado a cabeça sobre aquele peito salvador
Eu poderia ter virado e fugido entre os outros –
E ter sido aquele que deixou a companhia,

E acrescentado com mais prata o tesouro dos sacerdotes.
Se o Redentor se tivesse inclinado para lavar os meus pés,
Teria eu lavado os pés do meu vizinho, limpos e doces,
Ou negado três vezes o Cristo que tinha adorado?

"Fico entristecido por não ter sido eu São Paulo,
Que cavalgou naqueles mares e viu a tempestade lançar
Os navios em que navegava, quando foi chamado para
Pregar Cristo ressuscitado, e ganhar com a perda.
Esta noite, entre todos eles, tenho mais inveja
De aquele ladrão arrependido, pendurado na sua cruz."

Alexandre Harvey

A TERCEIRA VIRTUDE
-Prudência-

" Eis o teu filho; eis a tua mãe."

A MAIOR CRISE na história do mundo foi a prisão e condenação de um Homem, considerado culpado de nenhuma outra acusação senão de um excesso de amor. A tragédia daquela crise, que abrangeu de um Jardim a uma Cruz foi: Os homens falharam!

Pedro, Tiago e João, que tinham intermitente recebido a luz da Transfiguração, em preparação para a noite escura do Horto, dormiram enquanto os Seus inimigos atacavam. Judas, que ouvira o conselho Divino para depositar tesouros no Céu, vendeu o seu Mestre por trinta moedas de prata – pois a Divindade é sempre vendida fora de toda a proporção, em relação ao devido valor.

Pedro, que fora feito Rocha e porta-chaves, aquece-se perto da fogueira, e com um retrocesso atávico aos seus dias de pescador, amaldiçoou e jurou a uma criada que 'não conhecia o Homem.'

Quando Pilatos submeteu-se à multidão na escolha de Cristo ou de um revolucionário arrivista, a multidão escolheu Barrabás. Finalmente, no Calvário, onde estavam os homens? Onde estavam aqueles que Ele tinha curado? Pedro não lá estava, nem o seu irmão André, nem Tiago, nem nenhum dos outros apóstolos, exceto João, que talvez não estivesse lá, se não fosse o encorajamento dado por Maria.

Mas, embora os homens tenham falhado nesta crise, não há registro de nenhuma mulher que tenha falhado. Nos Seus quatro julgamentos, a voz que se ouviu em sua defesa foi a de uma mulher, Cláudia Procul, esposa de Pôncio Pilatos, alertando o marido para não fazer nada de injusto com aquele Homem justo. Os acontecimentos provaram que o político estava errado, e a mulher certa.

No caminho para o Calvário, é a mulher que oferece consolo, primeiro Verônica enxugando o sangue e o suor da Sua Santa Face, recebendo como recompensa a marca do Seu rosto na sua toalha; depois, as santas mulheres a quem o Prisioneiro se dirigiu, sugerindo que só misericórdias e caridades tão multiplicadas como as suas, poderiam evitar a catástrofe para os seus filhos.

Mais uma vez, no Calvário, é uma mulher que mostra coragem, pois há várias pessoas ao pé da Cruz. Madalena, entre eles, como de costume, está prostrada. Mas há uma, cuja coragem e devoção foram tão notáveis, que o evangelista lá presente, indicou o detalhe que ela estava "de pé." Essa mulher era a Mãe do Homem da Cruz Central.

Quando percebemos que Aquele que está fixado naquela Cruz é o Filho de Deus e, portanto, possui Sabedoria e Poder Infinitos, estamos inicialmente inclinados a nos perguntar por que não Lhe deveria ter sido poupado a tristeza do Gólgota.

Uma vez que Ele tinha feito a Sua Mãe de uma beleza incomparável de corpo e alma, por que não impediu que aqueles olhos feitos para o Paraíso, olhassem para uma Cruz? Por que não proteger os ouvidos sintonizados com a

Palavra Divina, das blasfêmias de seres humanos ingratos? Sendo preservada do pecado original, por que deveriam as Suas penas recair sobre ela? Será que as mães devem ir à forca com os filhos? E os inocentes comer o fruto amargo, plantado pelos pecadores?

Estas são perguntas de falsa sabedoria humana, mas os caminhos de Deus não são os nossos caminhos. Nosso Senhor Santíssimo quis que ela estivesse ali presente. Uma vez que Ele foi o segundo Adão, desfazendo o pecado do primeiro, Maria seria a nova Eva proclamando a glória da feminilidade na nova raça dos redimidos.

A mulher Eva não estava tão curada do pecado, que sua filha mais gloriosa não pudesse desfazer o seu mal. Tal como uma mulher tinha participado da queda do homem, assim a mulher deveria participar na sua redenção. Nosso Senhor não poderia ter revelado de melhor maneira, o papel da mulher na nova ordem, do que dar a João, aquele discípulo que amava acima dos outros, a sua Mãe, a quem amava acima de tudo: "Filho! Eis a tua Mãe... Mulher! Eis o teu filho!"

Nasceu o Reino de Deus! A prudência Celeste escolheu os meios certos para revelar os novos laços nascidos da redenção. Maria deveria ser nossa Mãe, e nós os seus filhos.

A morte do Salvador foi ao mesmo tempo um nascimento; o fim do capítulo de crucificação, foi o início do capítulo de uma nova criação.

Tal como a luz dissipa instantaneamente as trevas, assim o Divino Salvador deseja que não haja um momento sequer entre a quebra dos apegos a Satanás por meio do pecado, e a incorporação do homem no Reino de Deus. Ela troca o seu Filho pelas vantagens da Paixão, e recebe o primeiro fruto delas – João. Ele tinha cumprido a sua palavra: "Não vos deixarei órfãos." (João 14:18)

Na Cruz estava a Sabedoria Encarnada, morrendo para que pudéssemos viver. Se o Nosso Salvador pudesse ter pensado em uma melhor maneira de nos devolver a Si mesmo, Ele nos teria colocado em outras mãos que não as dela.

Há muitas falsidades contadas sobre a Igreja Católica: uma delas é que os Católicos adoram Maria. Isto é absolutamente falso. Maria é uma criatura humana, não divina. Os Católicos não adoram Maria; isso seria idolatria. Mas eles lhe prestam reverência.

E aos Cristãos que se esqueceram de Maria, podemos perguntar se é apropriado que se esqueçam daquela de quem Ele se lembrou na Cruz. Não amarão eles aquela mulher através de cujos portais carnais, como o Porta do Céu, Ele veio à Terra?

Uma das razões pelas quais tantos Cristãos perderam a crença na Divindade de Cristo é porque perderam todo o afeto pela Sua Bondosa Mãe, sobre cujo corpo branco, como uma Torre de Marfim, o Menino subiu "para tocar os seus lábios com uma rosa mística".

Não há Cristão em todo o mundo que reverencie Maria e não reconheça que Jesus, seu Filho, é na verdade o Filho de Deus Vivo. O prudente Cristo na Cruz conhecia o caminho prudente para preservar a crença na Sua Divindade, pois quem melhor do que uma Mãe conhece o seu filho?

O dom de Maria fez algo pelo homem, pois deu-lhe um amor ideal. Para apreciar plenamente este fato, pense por um momento na diferença entre duas faculdades: o intelecto, com o qual se conhece, e a vontade, com o qual se ama.

O intelecto sempre reduz o objeto para o adequar a si mesmo. É por isso que o intelecto insiste em ter exemplos, explicações e analogias. Cada professor deve acomodar-se à mentalidade da sua aula, e se o problema que ele está a apresentar é abstrato e complicado, precisa dividi-lo no concreto, tal como Nosso Senhor descreveu por parábolas, os mistérios do Reino de Deus.

Mas a vontade nunca funciona assim. Enquanto o intelecto puxa o objeto de conhecimento para o seu nível, a vontade sai sempre ao encontro do objeto.

Se você ama algo, vai-se elevar ao seu nível; se ama música, vai-se submeter às suas exigências, e se ama matemática, atende às suas condições. Nós tendemos a nos tornar como aquilo que amamos. Meninos que amam gângsteres, já se estão a tornar em gângsteres. Nós somos o que amamos. Escalamos montanhas, se o objeto amado estiver na montanha; saltamos para o abismo se o objeto amado estiver lá.

Segue-se que quanto mais elevados são os nossos amores e ideais, mais nobre será o nosso caráter. O problema da formação do caráter é fundamentalmente a inculcação de ideais adequados. É por isso que cada nação ergue os seus heróis nacionais, para que os cidadãos se tornem semelhantes a eles no seu patriotismo e devoção ao país.

Se temos heróis e protótipos ideais para quem ama esportes, palco, país, exército e marinha, por que não haveria um ideal no importantíssimo negócio de levar uma boa vida e salvar as nossas almas?

Este é precisamente um dos papéis que a Santíssima Mãe do nosso Divino Senhor desempenha na vida Cristã: sendo objeto de amor tão puro, tão santo e tão maternal que, para sermos dignos dele, nos abstemos de fazer qualquer coisa que a possa ofender.

Quase não houve uma mãe na história do mundo que não tenha dito, uma vez ou outra, ao seu filho ou filha: "Nunca faças nada de que a tua mãe se envergonhe." Mas o que estas mães dizem, é apenas um eco da Cruz, quando Nosso Divino Senhor nos deu a Sua Mãe para ser a nossa Mãe. Ao dá-la a nós, Ele estava dizendo equivalentemente: "Nunca faça nada do qual sua Mãe Celestial se envergonhe.'

Quanto mais nobre o amor, mais nobre o caráter, e que amor mais nobre poderia ser dado aos homens do que a mulher que o Salvador do mundo escolheu como a Sua própria Mãe?

Por que é que o mundo confessou a sua incapacidade de inculcar a virtude nos jovens? Muito simplesmente porque não correlacionou a moralidade com nenhum amor mais nobre do que o amor-próprio. As coisas só mantêm a sua proporção e cumprem o seu papel adequado, quando integradas num todo maior.

A maioria das vidas são como portas sem dobradiças, ou mangas sem casacos, ou arcos sem violinos; isto é, sem relação com o todo, ou com finalidades que lhes dão sentido.

Se, por exemplo, um orador se concentrar nas suas mãos, se perguntar se deve colocá-las nos bolsos ou atrás das costas, não demorará muito até sentir que é todo mãos.

A ênfase moderna no sexo é o resultado de separar uma função de um propósito, uma parte de um todo. O sexo nunca pode ser manuseado corretamente, a menos que integrado a um padrão maior e feito para servi-lo.

Em certa medida, este é o papel que a Nossa Mãe Santíssima desempenha na vida moral da nossa juventude Católica. Ela é aquele amor ideal, pelo qual são sacrificados amores e impulsos menores, e mais baixos. Assim como um orador habilidoso integra de tal forma as suas mãos no padrão da palestra, de maneira que nunca dá conta delas, os jovens Católicos, por respeito àqueles que amam, mantêm esse autocontrole saudável.

O nível de qualquer civilização é medido pelo nível da sua feminilidade. O que elas são, os homens serão, pois pode-se repetir, o amor sai sempre ao encontro das exigências do objeto amado. Dada uma mulher como a Mãe de Nosso Senhor como nossa Mãe sobrenatural, temos uma das maiores inspirações para uma das vidas mais nobres já conhecida no mundo.

Nesta hora, como nunca, o mundo precisa de ouvir de novo esta terceira palavra da Cruz. Precisa da inspiração da Boa Mulher. Infelizmente, a mulher que é admirada hoje em dia, não é a mulher virtuosa, mas a mulher bonita – e por 'bela', entende-se não aquela beleza interior da filha do Rei, mas aquela beleza que tem apenas a profundidade da pele, e às vezes apenas a profundidade da maquiagem.

Olhem para os anúncios espalhados pelas páginas e outdoors do nosso país! São, de maioria, imagens de mulheres que daqui a dez anos não seriam aceites para o mesmo anúncio, por ter perdido o que agora possuem – uma beleza passageira.

O nosso mundo moderno não ama verdadeiramente a mulher; ama apenas a sua beleza exterior. Se amasse a mulher, amaria a mulher enquanto ela for mulher. Mas por amar a máscara de uma mulher, ignora a mulher quando a máscara desaparece.

O aumento alarmante dos divórcios no nosso país, e a consequente ruptura da vida familiar, são devidos principalmente à perda do amor pelo ideal da feminilidade. O casamento passou a ser identificado com o prazer, não com o amor. Quando o prazer cessa, o amor cessa. Uma mulher é amada não pelo que ela é em si mesma, mas pelo que é para os outros. A tragédia de tal situação não é apenas o que acontece à mulher, mas também o que acontece ao homem.

Como restaurar o amor pela mulher como mulher? Em dar como objeto do amor da vida uma mulher que deu a Vida e Amor ao mundo – uma Mulher que é bela por fora todos os dias da sua vida, porque é bela por dentro. Esse foi o meio escolhido por Nosso Senhor na Cruz, para refazer o mundo: refazer o homem por refazer a mulher.

Concebida na Mente Divina, esculpida pelos dedos criativos do Escultor Celestial, tocada pela cor sempre radiante da paleta do Céu, o Artista na Cruz aponta para a sua obra-prima, e diz ao homem: "Eis a Mulher!"

Conta-se uma lenda, que ilustra o poder intercessor de Nossa Senhora: Parece que um dia Nosso Senhor Santíssimo estava andando pelo Reino dos Céus, e viu algumas almas que tinham entrado com muita facilidade. Aproximando-se de S. Pedro pela Porta Dourada, Ele disse:"Pedro, eu dei-te as chaves do Reino dos Céus. Deves usar o seu poder com sabedoria e discrição. Diz-me, como é que essas almas entraram no Meu Reino?" Ao que Pedro respondeu: "Não me culpe, Senhor. Toda vez que eu fecho a porta, a Sua Mãe abre uma janela."

Quando, no meio das mil e uma seduções deste mundo, não souber para que caminho se dirigir, peça à Mulher — a Virgem mais prudente. Ela conhece a verdade da mentira, pois nas palavras de Joyce Kilmer:

Aos pés da Cruz no Calvário
Três soldados se sentaram a jogar
E um deles era o diabo
E ganhou o Manto de Cristo.

Vi-o através de mil véus
E isso não bastou?
Agora, devo olhar para o diabo vestido
No manto radiante de Cristo?

AS SETE VIRTUDES

Ele vem, seu rosto é triste e suave
Com espinhos, sua cabeça é coroada
Há grandes feridas sangrentas nos Seus pés,
E cada mão tem uma ferida.
Como posso eu dizer, que sou tolo,
Se este é Cristo ou não?
Aquelas mãos sangrentas se estenderam para mim
Aqueles olhos que me amam tanto!

Eu vejo o manto – eu olho, eu espero
Receio – mas há um
Que vai dirigir a minha mente perturbada.
A Mãe de Cristo conhece o seu Filho.

Ó Mãe do Bom Conselho, empresta-me
Inteligência
Cobre-me de sabedoria
Tu, Torre de Marfim!

Ela diz: «Este é o homem mentiroso.»
«Disfarçado de arte medrosa:
Ele tem as mãos e os pés feridos
Mas não o coração.»

Ao lado da cruz do Calvário
Ela os observava enquanto eles jogavam,
Ela viu o diabo entrar no jogo
E ganhar o Manto de Cristo.

'The Robe of Christ'
MAIN STREET AND OTHER POEMS
por **Joyce Kilmer**
©1917 Doubleday, Doran & Empresa Inc.

A QUARTA VIRTUDE
- Fé -

" Meu Deus! Meu Deus! Por que me abandonaste? "

QUANTAS PESSOAS, QUE não professam nenhuma religião formal, poderiam explicar no que não acreditam? A pergunta é feita desta forma porque anos atrás, muitos que não tinham fé, sabiam o que não acreditavam e por quê; hoje, os que não têm fé, nem sequer conhecem o que não acreditam. Por terem abandonado todas as certezas, não têm padrões pelos quais julgar ne sequer o seu próprio agnosticismo.

E agora, com a depressão, a guerra e a consequente insegurança, começaram a duvidar das suas próprias dúvidas. As palavras 'progresso', 'evolução' e 'ciência', que outrora os emocionaram, e lhes davam a ilusão da fé, agora deixam-nos frios.

Muitas pessoas hoje sentem, que a sua vida é descontínua; que cada ato da sua vontade, não é relacionado a qualquer outro; que as suas más ações do passado, como uma flecha gasta, desapareceram e estão esquecidas; porque a sua vida, sendo efémera, não tem qualquer responsabilidade, e que o seu 'eu' da semana passada já não lhe preocupa, nem o que será na próxima semana a sua preocupação moral.

A sua vida é como uma lanterna Japonesa, composta por milhares de desenhos, mas sem unidade. Eles podem saber muito, mas não podem colocar os seus campos de aprendizagem em uma unidade.

O seu conhecimento é como as prateleiras na farmácia, cheias de garrafas de sabedoria sem relação uma com a outra, mas não como um ser vivo, no qual órgãos, células e funções fluem numa unidade de propósito.

O que eles precisam fazer é colocar uma vela dentro da lanterna Japonesa da sua vida: por uma alma dentro da sua existência química descontínua, a fim de recuperar o sentido da vida; e essa vela e essa alma é a fé.

A fé não é, como muitos acreditam, uma confiança emocional; não é acreditar que algo vai acontecer com você; nem sequer é uma vontade de acreditar, apesar de dificuldades. Pelo contrário, a fé é aceitar uma verdade reveladora com base na autoridade de Deus. Portanto, a fé pressupõe a razão. O que o crédito é para os negócios, a fé é para a religião.

Antes de lhe dar crédito, o empresário deve ter uma razão para conceder esse crédito, ou seja, a sua capacidade de pagar dívidas, e a sua honestidade. Assim é com a fé. Não se pode começar a religião com fé, pois acreditar em alguém sem uma razão para acreditar, é credulidade e superstição.

A causa principal para o declínio da religião na América, é o caráter irracional e infundado da crença. A menos que a fundação seja sólida, a superestrutura balança logo e cai. Experimente, e pergunte àqueles que se dizem ser Cristãos porque acreditam, e a maioria deles será incapaz de dar uma razão.

Quando alguém nos pede para entrtar para a Igreja, não é aceito de imediato. Deve primeiro submeter-se a instruções durante cento e quarenta horas, por vários meses. Não se diz primeiro aos convertidos: "Deve crer em tudo o que a Igreja Católica ensina", mas sim "deve ter uma razão para crer nos ensinamentos." Absolutamente nada é dado como certo. Não dizemos: "Começaremos por Deus." Não! Começamos pelo mundo. Usando a nossa razão, primeiro provamos a existência de Deus e a Sua natureza.

O inquérito precede a convicção. O inquérito é uma questão de razão que pondera as provas, e diz: "Eu deveria acreditar." Mas a submissão é um ato da vontade. É neste ponto que muitos falham, seja porque estão demasiado absorvidos pelos prazeres do mundo, ou seja porque têm medo do desprezo dos outros.

Mas, uma vez que se admite, através da graça iluminadora de Deus, que Cristo é o Filho de Deus, não pode haver escolhas entre as partes do Seu Evangelho.

Porque a Verdade é vida, deve, como um bebê vivo, ser aceite no seu total. Tal como não somos falsamente tolerantes sobre a vida, e aceitamos uma criança sob a condição de não ter braços ou apenas um olho, também não podemos dizer que acreditaremos em Cristo quando Ele fala sobre os lírios do campo, mas não acreditamos quando Ele fala sobre a santidade da família. É tudo ou nada. "Quem não é comigo é contra mim, e quem comigo não ajunta, espalha." (Mateus 12:30)

É por isso que a condição para se tornar Católico é a submissão total, completa e absoluta à autoridade de Cristo, e a Sua extensão na Igreja. Um Católico pode ser definido como alguém que fez a descoberta surpreendente, de que Deus sabe mais do que ele.

A fé está relacionada com a razão como um telescópio está relacionado com o olho, que não destrói a visão, mas abre novos mundos, antes fechados a ela. Temos os mesmos olhos à noite e durante o dia, mas não conseguimos ver bem a noite, porque normalmente não há luz solar adicional.

Pensemos em duas mentes, com exatamente a mesma educação, uma sem fé e outra com fé, a olhar para um pedaço de pão ázimo num ostensório. Uma vê pão; a outra adora o Senhor Eucarístico. Uma vê mais do que a outra, porque tem a luz que falta a outra – a luz da fé.

Para ilustrações sobre a virtude da fé, olhamos em particular para a Quarta Palavra, proferida do púlpito da Cruz.

Durante quase três horas, Nosso Senhor permaneceu pendurado na Cruz, enquanto o sol vestia o manto da escuridão, lamentando a Luz do Mundo. Os homens podiam olhar para o espetáculo triste de um Senhor crucificado, mas o sol não podia suportá-lo, e escondeu o rosto.

Os evangelistas registram que a Quarta Palavra foi dita quando as trevas cobriam a Terra, o que significa que era como noite, não apenas na natureza, mas no coração e na alma de Jesus. Foi um momento de misteriosa entrega voluntária a consolação Divina, um segundo de aparente abandono por parte de Deus.

Os homens já o tinham abandonado. Escolheram Barrabás; invejaram até a Sua terra o suficiente para elevá-Lo acima dela, e fazê-Lo se esticar e morrer na cruz,

Agora Deus parece abandoná-Lo, pois no meio da escuridão estigia ao meio-dia, Ele falou desta vez em Hebraico, a língua do Profeta e do Salmo. Os tons eram altos e claros: "Eli, Eli, lamma sabachtani." — "Meu Deus, meu Deus, por que me abandonaste?" (Mateus 27:46)

Durante a Sua vida, alguns dos Seus discípulos O abandonaram, e não O acompanharam mais; apenas na noite anterior, na Última Ceia, Ele disse: "Eis que a hora se aproxima, e agora chegou, quando sereis dispersos cada um aos seus, e me deixareis em paz..." (João 16:32)

Aquela hora já estava sobre Ele. Recusou ser poupado do que os Seus irmãos adotivos deveriam ter partilhado. Ele foi "feito pecado" por nós, tomando sobre Si a condição que o pecado merecia. O que mereceu o pecado? Abandono por Deus.

As criaturas voltaram-se contra o Criador; as ovelhas rebelaram-se contra o Pastor, os peregrinos deixaram as fontes de águas vivas e cavaram para si cisternas partidas, que não podiam conter água. Ele quis experimentar esse isolamento e abandono. Daí as palavras: "Por que me abandonaste?"

E, no entanto, não foi abandono total, pois foi prefaciado por Deus: "Meu Deus, meu Deus!" O sol não abandona a sua tarefa de iluminar o mundo, por ser temporariamente ofuscado por uma nuvem. Embora essas formas enevoadas escondam a sua luz e calor, ainda sabemos que o amanhecer está próximo.

Além disso, a Quarta Palavra era um versículo de um Salmo de fé que termina: "Porque não desprezou nem abominou a súplica do pobre. Nem escondeu dele o seu rosto, antes, quando ele clamou, o ouviu." (Salmo 21, 25)

Na perspectiva desta Palavra de Fé, encontra-se três conclusões práticas:

1) O objeto da fé é Deus, não as coisas da Terra. Muitos interpretam a fé como aquilo que nos deveria libertar dos males da Terra, e supõem que, o sofrimento indica falta de fé. Isso é completamente falso. A fé em Deus não é garantia de que seremos poupados das "flechas da fortuna ultrajante."

Mas Ele não foi poupado. Por quê? Foram os Seus inimigos que pensaram que, se Ele fosse unido a Deus, não deveria sofrer, pois quando Ele disse: "Eli, Eli", eles, imaginando que estava a chamar por Elias, zombaram: "Veja se Elias vira, e o libertara." (Mateus 27:49) Porque não foi libertado, concluíram que devia ser perverso. Não! A fé não significa ser retirado de uma cruz; significa ser elevado ao Céu – por vezes através de uma cruz.

Há pessoas que só pensam em Deus quando estão em apuros, ou quando o bolso está vazio, ou têm a possibilidade de o encher um pouco. Vangloriam-se de ter fé, quando na realidade apenas esperam um pouco de boa sorte aqui na Terra. Vale a pena repetir: a fé diz respeito à alma e à sua salvação em Deus, não às bugigangas desta Terra.

2) As Escrituras afirmam que, quando crucificaram Cristo, as trevas cobriram a Terra. Essa é exatamente a descrição do nosso mundo moderno. Se as trevas do desespero, e os apagões da paz fazem o nosso mundo vagar cegamente, é porque crucificamos a Luz do Mundo.

Testemunhe como nos últimos vinte anos, a religião foi pregada na Cruz na Rússia, açoitada na Alemanha, coroada de espinhos na Espanha, martirizada na Polônia e açoitada no México.

Não admira que os nossos estadistas não saibam qual o caminho a seguir: apagam, ou permitem que seja apagada, a única Luz que pode iluminar os caminhos da justiça e da paz.

Pode ser que as nossas desgraças sejam o último estágio do pecado. Durante um século, ou mais, governos e pessoas abandonaram Deus; agora Deus os abandona. É um castigo terrível quando um Deus justo ataca; mas é ainda mais terrível quando Ele não o faz, entregues aos nossos próprios recursos, para descobrirmos todas as consequências dos nossos pecados.

Estamos no fim de uma tradição e de uma civilização que acreditavam que poderíamos preservar o Cristianismo sem Cristo; religião sem credo, meditação sem sacrifício, vida familiar sem responsabilidade moral; sexo sem pureza e economia sem ética.

Concluímos a nossa experiência de viver sem Deus, e comprovamos a falácia de um sistema educativo que se diz progressista, porque encontra novas desculpas para os pecados.

A nossa suposta progressividade, se a compreendêssemos, é como a putrefação progressiva de um cadáver. A alma se foi, e o que chamamos mudança é mera decadência.

Não há maneira de o deter, a não ser revertendo o processo pelo qual expulsamos Deus do mundo, isto é, reacendendo a lâmpada da fé nas almas dos homens.

3) Eis um fardo comum de todos os crentes em Deus. Infelizmente, há muito mais unidade entre os inimigos de Deus do que entre os Seus amigos. Por um lado, temos o espetáculo de Hitler e Stalin, a enterrar o seu ódio mútuo porque encontraram um ódio maior – Deus e religião.

Por outro lado, o que estão os crentes em Deus a fazer, para preservar a religião, a moral e a cultura? Frequentemente, travamos guerras civis, atacando-nos uns aos outros, enquanto um inimigo comum invade os nossos altares. Isto não significa que devemos abandonar os nossos credos, e diluir o leite da religião a ponto de este não ser nutritivo.

A Igreja Católica, por exemplo, nunca o faria porque, como as suas verdades são feitas por Deus, não podem ser desfeitas pelo homem. Somos guardiões, e não criadores de Fé.

Mas reconhecemos que, tal como os Protestantes e os Judeus, temos Deus, a moral e a religião em comum. Em nome de Deus, que nós, Judeus, Protestantes e Católicos, façamos pelo menos duas coisas: 1) reconheçamos que um ataque a um é um ataque a todos, pois todos viemos de Deus; não é de tolerância que precisamos, mas de caridade; não de paciência, mas de amor.

3) Começar a fazer algo sobre religião, e o mínimo que podemos fazer é rezar as nossas orações: implorar as bênçãos de Deus sobre o mundo e o nosso país; agradecer-Lhe por Suas bênçãos, e tentar ter conhecimento da plenitude da Sua verdade. Fala-se muito de religião, mas não se age o suficiente.

Se seguíssemos as mesmas regras de saúde que seguimos em relação à religião, estaríamos todos acamados. Não basta falar da necessidade da saúde; precisamos de fazer algo prático em relação a isto, como, comer, praticar exercício e descansar.

Assim e com a religião. Devemos alimentar-nos das verdades de Deus, exercitar os nossos músculos espirituais na oração, mortificar-nos das coisas que são prejudiciais à alma, e ser tão escrupulosos em evitar o mal moral como somos em evitar o mal físico.

Sendo a fé uma virtude, é um hábito – não um hábito adquirido como a natação, mas um hábito infundido por Deus no Batismo. Sendo um hábito, cresce pela prática.

O ideal é chegar a um ponto na prática, em que, como Nosso Senhor na Cruz, demos testemunha de Deus, mesmo no meio do abandono e da agonia de uma crucificação.

A QUINTA VIRTUDE
- Temperança -

" Tenho sede."

HÁ UM MUNDO de diferença entre o que precisamos e o que queremos. Precisamos daquelas coisas que são essenciais para uma existência humana normal e confortável; mas queremos mais do que isso. As nossas necessidades são satisfeitas rapidamente, mas raramente conseguimos o que queremos.

No dia em que Nosso Senhor multiplicou os pães e os peixes, o Evangelista afirma que cada pessoa ficou satisfeita, e saciada. Mas suponhamos que Nosso Senhor, em vez de dar a comida que precisavam, multiplicou milagrosamente o dinheiro e deu a cada um deles o equivalente de uma nota de dez dólares. Quantos, na sua opinião, teriam ficado satisfeitos com uma nota? O dinheiro é um desejo; a alimentação é uma necessidade.

Como as nossas necessidades são limitadas, mas os nossos desejos são ilimitados, precisamos de uma virtude para conter os nossos apetites e desejos excessivos – e essa virtude chama-se temperança. O seu objetivo é a regulação dos apetites sensatos pela razão.

Os dois apetites mais fortes do homem são: comer e beber, que sustentam a sua vida individual, e o ato sexual, que propaga a sua natureza social. Os excessos nestes apetites são as fontes dos dois pecados: a gula e a luxúria. A temperança é a virtude que os modera em prol da alma.

A temperança também não deve ser confundida com o puritanismo, que a proibiria de ser utilizada em virtude do abuso de algo; ou com a permissão, que interpretaria toda a restrição como uma violação da liberdade. Pelo contrário, existe um meio-termo, como foi revelado no primeiro milagre de Nosso Senhor em Caná, onde Ele transformou a água em vinho, para satisfazer os apetites individuais, e abençoou o casal para a satisfação do seu instinto criativo.

Não há aqui consolo, para aquelas almas obscuras, que sufocam a alegria de viver, nem para aquelas almas frívolas que isolam o prazer do fim da vida, isto é, a salvação da alma.

A temperança atinge o seu ápice naquele que veio pregar o caminho árduo da cruz, mas começou servindo vinho e ajudando em uma festa de casamento. Por essa razão, os extremistas que querem só jejum ou só festa, nunca se contentaram com a Sua Temperança.

Como Ele lhes disse em certa ocasião: "Pois João não veio para comer nem para beber, e dizem: 'Ele tem demônio'. Veio o Filho do Homem, comendo e bebendo, e dizem: 'Eis um comilão e beberrão, amigo de publicanos e pecadores.'"(Mateus 11:18-19) É muito difícil agradar aqueles que procuram defeitos.

Finalmente, na Cruz, Ele nos deu Sua Quinta Palavra – a revelação da filosofia da temperança. Atormentado pela febre ardente da crucificação, como um soldado moribundo em um campo de batalha, Seus lábios ansiavam por água. Havia uma base física para Seu grito: "Tenho sede!" (João 19:28)

Mas indicava algo mais. São João, que estava aos pés da cruz, registra que Ele disse isto: "...para que se cumprissem as Escrituras." (João 19:28)

Mil anos antes, o salmista havia profetizado aquela hora: "Deram-me fel por alimento, e na minha sede me deram vinagre para beber." (Salmo 68, 22)

O grito não era um grito de fraqueza, nem de egoísmo, mas um anúncio de que o material existe para o espiritual; os apetites e sedes da terra devem ser os trampolins para a fome e sede do Reino de Deus e da Sua Justiça.

Desta Palavra aprendemos duas lições de Temperança: primeira, o material existe para o espiritual. Cristo expressou uma sede física, que continha uma razão espiritual, a saber, o cumprimento da profecia como prova de Sua divindade. Da mesma forma, todas as coisas materiais na face desta terra, desde o sal à carne, devem ser para nós, um meio, não um fim – uma ponte, não uma meta de vida.

Um glutão não respeita esta ordem; não come para viver, mas vive para comer. Subordina a vida a uma das suas condições. Um glutão ou um bêbado é realmente uma pessoa sem senso de humor. Ele leva comida e bebida muito a sério; ele sempre perde a referência.

Ele leva a bebida tão a sério que esquece ser feita para ajudar a locomoção, não para impedi-la; ele leva a carne tão a sério que esquece que foi feita para soldar a vida, não para queimá-la.

Por que existem tantos casamentos infelizes hoje? Porque em vez de se casarem pela razão de que o amor humano é o vestíbulo do Divino, casam-se perguntando-se por quanto tempo estarão casados. No regresso do julgado de paz, já se preparam para o divórcio, dizendo um ao outro: «Vou amar-te durante dois anos e seis meses.»

Houve uma época em que um homem que se casava com uma mulher, não pensava mais em se divorciar dela do que em assassiná-la. Mas esses eram os dias em que os homens amavam porque acreditavam em Deus; agora eles cobiçam porque acreditam em Freud – pois se este mundo é tudo o que existe, então por que não obter tudo o que puderem, e por todos os meios que puderem?

Hoje, somente na Igreja. 'nasce a vida sem luxúria', porque ela ensina que o uso da carne condiciona a salvação. Mas, no nosso mundo moderno louco por divórcios, «a luxúria sem vida, morrerá.»

O motivo de um Cristão é muito diferente do motivo de um pagão, porque a temperança nos ensina que as coisas da terra existem para servir o Céu,

Tomemos, por exemplo, duas pessoas que, ao diminuir a ingestão de alimentos, perdem vinte quilos cada. Materialmente, os vinte quilos de um pagão são equivalentes aos vinte quilos do Cristão. Mas o motivo em cada caso é bem diferente. O pagão faz dieta; o Cristão faz jejum. O pagão faz dieta em prol da sua aparência corporal; o Cristão faz jejum por causa da sua alma. Cada um recebeu a sua recompensa correspondente, seja o louvor dos homens que amam a magreza, ou o louvor de Deus que ama a virtude.

Do ponto de vista Católico, a tragédia de tanta dieta, é quanta contenção, ou digamos, gordura, é desperdiçada. É por isso que uma das primeiras perguntas no Catecismo é: «De qual devemos cuidar mais, da nossa alma ou do nosso corpo?» E a resposta é: devemos cuidar mais de nossa alma, «Pois que aproveitaria o homem ganhar todo o mundo, mas perder a sua alma?» Marcos 8:36

É a adesão rígida a este princípio de que o material existe para o espiritual, que faz da escola Católica um dos maiores campos de formação de caráter do mundo. As crianças pequenas são ensinadas, assim que entram na escola, a 'desistir' de certas coisas durante a Quaresma – não porque os doces sejam maus, mas para que possam ter autocontrole e ter posse por si mesmas. É o contrário da filosofia pagã de 'autoexpressão', ou fazer o que quiser.

Uma caldeira, que se recusa a manter-se dentro dos limites e explode, é auto expressiva. Um bêbado é auto expressivo ou possuído por bebidas alcoólicas, por não ser possuído por si mesmo. O licor não é seu servo; ele é o seu escravo. Nós, Católicos, não comemos carne na sexta-feira porque amamos nosso Senhor. Ele morreu naquele dia e, em memória carinhosa pela Sua redenção, renunciamos ao prazer da carne – e a maioria de nós, Católicos

Americanos, odiamos peixe – porque Ele deu Sua vida por nós. Será isso algo a ser desprezado?

A base do segredo Católico da temperança e da disciplina, é a troca. Toda a vida se funda na troca: «Que troca dará um homem?» Recebemos luz em troca de calor; pão em troca de um centavo. Se você quer ser especialista em matemática, tem que desistir de ser um especialista em tênis; se quer dar todas as suas satisfações ao corpo, tem de abdicar das alegrias da alma. Temos de pagar por tudo.

Toda alegria exige que não se toque numa outra. Cada passo em frente exige uma austeridade, mas não é porque não haja recompensas no outro lado da colina, mas apenas porque não conseguimos ver o que está do outro lado da colina.

Devemos então escolher entre Deus e Mamon, entre a carne e o espírito. «Nenhum homem pode servir a dois senhores.» (Mateus 6:24) Se quisermos salvar nossa alma para a eternidade, devemos disciplinar nosso corpo neste tempo. E fazemo-lo não com tristeza, mas com júbilo, com o exemplo d'Aquele «...que, pela alegria que lhe fora proposta, suportou a Cruz...» (Hebreus 12:2)

Um santo é sempre alegre, mas o nosso caçador moderno de prazeres é sempre melancólico. Ele não está muito feliz porque ri demais. Seu riso é artificialmente estimulado do lado de fora, por um fantoche contando piadas; não é uma alegria que procede do seu interior por causa de um dever cumprido por amor a Deus. A felicidade vem de auto possessão, adquirida através da temperança, não da autoexpressão através da licença.

A segunda lição de temperança nesta Quinta Palavra, vem do soldado que partilhou vinho com Nosso Senhor. O grito de Nosso Senhor não foi dirigido a ninguém em particular, mas enquanto outros se perguntavam o que fazer, ele atuou. As escrituras dizem «ele correu.»

Havia resolubilidade no seu serviço, e apenas um pensamento dominava sua mente: «A necessidade d'Ele é maior do que a minha.» O Evangelho observa que ele encheu a esponja. Era incomum de um carrasco compartilhar rações com aquele a ser executado, mas havia algo muito anti-criminoso naquele Homem na cruz central.

O vinho que ele deu foi pouco, mas Deus não considera o presente de quem dá, mas o amor do ato. O soldado não conseguiu alcançar os lábios de Nosso Senhor, então colocou a esponja numa cana, e a tocou nos lábios do Salvador. Tinha partilhado o seu vinho com o seu Criador e, se o sabia, também com o seu Salvador. E até ao fim dos tempos, o seu ato, como o de Madalena, será registrado entre os homens.

Assim como Ele se conteve no uso dos seus bens legítimos por amor aos que sofrem, também devemos partilhar os nossos tesouros por amor aos pobres. O motivo da partilha é sempre mais importante do que o ato. A recompensa que receberemos por nossa doação, depende da nossa intenção.

Nós amamos aqueles que nos amam – mas não há grande recompensa nisso, pois «Não fazem os pagãos também assim?» (Mateus 5;47) Mas, para que sejamos filhos de Nosso Pai que está nos Céus, devemos amar até mesmo os nossos inimigos. Amar inimigos por uma intenção divina vale mais do que amar amigos por uma satisfação pessoal.

Os filantropos, que dão milhões para erguer museus, bibliotecas e parques infantis de arte, por razões puramente humanitárias, não promoverão a sua salvação eterna tanto quanto a pobre viúva, que dá um centavo a um pobre na rua, porque vê na sua necessidade a pobreza de Cristo. É simplesmente uma questão de contabilidade.

Suponha que você queria estabelecer crédito para fazer compras. Naturalmente, se depositou o seu dinheiro a crédito numa loja de móveis, não poderia esperar que fosse honrado numa fábrica de automóveis. Da mesma forma, se dá generosamente para ser creditado pela humanidade, não pode esperar ser creditado por Cristo para a salvação eterna. Milhões dados para perpetuar um nome de família, não aproveitaram nada para a alma no momento do julgamento.

Isto não significa que o dinheiro dado para institutos de arte e parques infantis não valha para a salvação eterna, mas que só conta com a condição de ter sido dado com esse propósito, isto é, em Seu nome: «Portanto, qualquer que vos der a beber um copo de água em meu nome, porque sois de Cristo: Amém vos digo: não perderá a sua recompensa.» (Marcos 9, 40)

São Paulo, sublinhando que só a caridade ou o amor de Deus tornam proveitosas as obras para a salvação, é ainda mais enfático: «Se distribuir todos os meus bens para alimentar os pobres, e se entregar o meu corpo para ser queimado, e não tiver caridade, nada me aproveitará.» (1 Coríntios 13, 3)

Conta-se a história de uma mulher, que deu uma fortuna motivada pela glória humana e, muito raramente, um presente por uma intenção espiritual. Quando foi para o Céu, São Pedro mostrou-lhe uma pequena casinha insignificante, que era quase tapada por todas as mansões ao seu redor. «Não posso viver nisso», disse a mulher. São Pedro respondeu: «Desculpe, senhora. Foi o melhor que pude fazer com os materiais que me foram enviados.»

Um dos paradoxos do Cristianismo é que, a única coisa que é realmente nossa quando morremos, é o que demos em Seu nome. O que deixamos nos nossos testamentos é tirado de nós pela morte; mas o que damos é registrado por Deus para nosso crédito eterno, pois somente nossas obras nos acompanham. Não é o que é dado que beneficia para a salvação, mas sim a razão pela qual é dado.

É por isso que uma refeição amigável dada a um inimigo, em nome daquele que nos amou quando éramos Seus inimigos, vale mais no nosso dia de julgamento do que um hospital que custou dez milhões de dólares, dado para perpetuar um nome de família.

Não há injustiça nisso. Cada um recebe a recompensa que queria: num caso, o amor de Cristo; no outro, a memória dos homens. Sobre estes últimos, Nosso Senhor disse as palavras mais tristes já proferidas: «Eles já têm a sua recompensa.»

Para aqueles que desejam cultivar a virtude da temperança e ser autocontrolados, estas duas recomendações específicas são feitas: primeiro, todos os dias pratique pelo menos três mortificações triviais, por exemplo, desistir de mais um cigarro, segurar a palavra sarcástica, retornar uma resposta gentil a um escárnio, ou selar os lábios ao ouvir um escândalo, o que provavelmente, como todos os escândalos, é 99 44/100 por cento falso.

Em segundo lugar, a magnitude da mortificação não é tão importante quanto o amor de Deus pelo qual é feita. Grandes sacrifícios feitos sem amor são inúteis para a alma; só porque são grandes não significa que foram feitos com amor; o que importa é o motivo – faça-os por amor a Deus.

Então, no meio das cruzes e provações da vida, pode captar a sua relação com a Cruz, a única que dá um padrão à contradição da vida. Que todos nós, como a soldado Joyce Kilmer, enquanto caminhava pelos campos da França, vejamos em cada ombro dolorido, testa febril e mão ardente, a visão de Cristo com Sua Cruz:

Meus ombros doem debaixo da mochila
(Fica mais leve, ó Cruz, sobre as Suas costas).

Marcho com pés que queimam e estalam
(Pisem, Pés Santos, sobre o meu coração).

Homens que não podem falar estão gritando
(Açoitaram as Tuas costas e feriram a Tua Face).

Não posso levantar a mão para limpar
Meus olhos de gotas salgadas a escaldar.

(Então a minha alma volúvel esquecerá
Tua agonia de suor sangrento?)

Minha mão no fuzil está rígida e dormente
(Da Tua palma perfurada, rios vermelhos, corrente).

Senhor, Tu sofreste mais por mim
Do que todos os anfitriões de terra e do mar.

Então, deixe-me entregar novamente
Este milionésimo dos Teus dons.   Amén.

POEMS, ESSAYS AND LETTERS
*por **Joyce Kilmer***
©*1914, 1918 Doubleday, Doran & Company Inc.*

A SEXTA VIRTUDE
- Justiça -

« *Está consumado.* »

O CALVÁRIO NÃO É UMA HISTÓRIA QUE todos gostam de ouvir relembrada e, geralmente, aqueles que estão mais afastam da visão do Salvador na Cruz, são os mesmos que se deleitam com as histórias grotescas de assassinato em nossos tabloides, e acompanham com interesse audacioso os detalhes angustiantes de um crime sexual.

Por que é que o amante de horror não suporta ver o crucifixo? Por que é que os fanáticos por histórias de assassinato são tão frios com respeito a história do maior sacrifício do mundo? A resposta é que, ao contrário de todos os outros crimes, o crucifixo é auto acusador.

Podemos olhar para outras cenas de injustiça sem sentir que estamos envolvidos nelas; mas não podemos olhar para um crucifixo sem sentir que tínhamos algo a ver com ele, para o bem ou para o mal; ou como um ladrão levado diante de sua vítima para julgamento, ou como um homem que quase se afogou, e agora está diante do seu salvador para agradecimento.

Perante tudo o resto, podemos permanecer um pouco indiferentes, pois a injustiça desumana às questões do certo e do errado nem sempre são claras. Mas no Calvário há um absoluto; não há estrias de cinzento, nem bordas borradas, apenas uma colisão direta de preto e branco, de bem e do mal – e não há «Terra de Ninguém» entre eles.

É o epítome da luta do mundo; estamos envolvidos nela na medida em que estamos envolvidos no conflito do bem e do mal. Seria conveniente, às vezes, se pudéssemos lavar as mãos de todo o caso, como Pilatos tentou fazer; mas mais fundo do que o sangue nas mãos de Lady Macbeth, nem sequer todas as águas dos sete mares podiam lavar aqueles pontos encarnados.

No crucifixo, simboliza-se a crise perene na alma de cada homem, a escolha entre o fim ilusório dos tempos e os fins imponderáveis da eternidade. Em primeiro lugar, concentram-se todos os conflitos microscópicos do bem e do mal, que se desenrolam em cada consciência; ou, por outras palavras, a alma de cada homem é Calvário escrito pequeno. É por isso que o Crucifixo é inescapável; ou nos afastamos dele, ou o abraçamos, mas não podemos ficar indiferentes. Afastar-se dele como um animal assustado, é apenas a forma desonesta de dizer que é «auto acusador».

Faz parte da mesma psicologia perversa que nos faz adequar o nosso pensamento a nossa maneira de viver, em vez de adequar a maneira ao nosso pensamento. Na verdade, só existem duas classes de almas no mundo: as que têm a coragem de contemplar o crucifixo, e os cobardes que dele fogem.

Para aqueles que são suficientemente corajosos para olhar para o Crucifixo, eles vivenciam uma revelação da ordem moral — não uma ordem moral baseada em abstrações, teorias e hipóteses, mas uma ordem moral revelada em uma Pessoa de bondade absoluta, que enfrentou o peso do mal humano.

É mais um espelho do que uma cena, pois não revela algo que não esteja relacionado a nós, nossa mendicância moral, nossas perversidades e nossas derrotas.

Como nada mais no mundo, parece fazer as seguintes perguntas: «Onde está você?» «Que lado pretende ficar a partir deste momento – ao meu lado, ou ao lado do ambicioso Judas, do covarde Pilatos, do astuto Anás ou do lascivo Herodes?» Não podemos escapar de uma resposta.

Se naquela cruz estivesse alguém que estivesse errado, fracassado e comprometido com a bondade, poderíamos invocar uma desculpa. Mas aqui a neutralidade é impossível, porque não se trata de algo melhor ou pior – só há certo e errado.

Nenhuma resposta é a resposta errada. Pela resposta que damos, julgamo-nos a nós próprios. Não podemos estar de ambos os lados, assim como não podemos estar na Luz e nas Trevas ao mesmo tempo.

Não admira que tantos não gostem da visão de um crucifixo; não admira que odeiem as suas consciências; não admira que tentam afogar os Seus avisos, com barulho e excitação; Não é de se admirar que mudem de assunto, quando alguém menciona a morte, ou zombam quando são lembrados do pecado.

Eles podem olhar para a Cruz, pois ela pode ser apenas um símbolo das contradições da vida; mas eles chamam de «horrível» o Crucifixo, quando o querem dizer é que é acusatório.

Podem fugir dele durante a vida, mas encontrarão no Julgamento Eterno, quando o Filho do Homem vier carregando a Cruz, em triunfo nas nuvens do céu, para dar a cada um, segundo as suas obras.

O clima moderno de mutilar o Evangelho, escolher alguns textos e ignorar outros, faz com que os homens percam o propósito da vida de Cristo. Ele veio à terra não principalmente para pregar, mas para redimir. Ele veio menos para viver, do que para morrer.

Sua missão não era de mera benevolência, nem para fomentar uma revolução na política ou na economia, nem para curar, nem deixar uma ética humanitária – todas elas eram secundárias ao único propósito absorvente de sua vida: a redenção do homem.

A declaração sublime da sua vinda é feita por São João: «Deus amou o mundo de tal modo, a ponto de dar o seu Filho unigênito; para que todo aquele que n'Ele crê, não pereça, mas tenha a vida eterna.» (João 3:16) Aqueles que consideram Cristo apenas como um mestre, não podem explicar nem a Sua morte nem o Seu desejo.

Se um pescador, sentado calmamente numa doca, se atira ao mar para provar que ama o seu vizinho que está calmamente sentado ao seu lado, o ato não faz sentido. Mas se o seu vizinho realmente caiu, e o pescador saltou para o mar para dar a sua vida para salvá-lo, então devemos dizer: «Ninguém tem maior amor do que este.» (João 15:13)

Da mesma forma, a imersão de Cristo no mar do sofrimento humano só é explicável partindo do pressuposto que corríamos o risco de ser afogados pelo pecado. Ele veio pagar uma dívida e, por sua obediência na carne, expiar a nossa desobediência, e formar para Si uma nova raça de homens: Aquele por quem o mundo foi feito. (Filipenses 2, 8-11)

O que muitas vezes acontece na ordem econômica, aconteceu na ordem moral; o homem contraiu uma dívida maior do que poderia pagar. Um pecado contra o Amor Divino é maior do que só o homem pode reparar.

Mas se Deus se tivesse comprometido a perdoar a dívida por misericórdia, a justiça não teria sido correspondida. Deus, é claro, poderia pagar a dívida do pecado do homem, mas não poderia, em justiça, fazê-lo à parte do homem.

Um juiz não permitirá que um estranho saia da rua, e entre para uma sala de audiências para aceitar a sentença de morte de um assassino. Da mesma forma, Deus não poderia pagar nossa dívida, a menos que se envolvesse de alguma forma nela.

Foi o que fez o Filho de Deus, Jesus Cristo, ao tornar-se homem, assumindo uma natureza humana semelhante à nossa, em tudo, exceto no pecado. Ele não se limitou a substituir-nos, nem tomou o nosso lugar; há uma identificação dele conosco. Ele é o Chefe da nossa raça carregada de pecado. Em certo sentido, Ele e nós somos uma Pessoa – o novo Adão.

A rigor, Nosso Senhor é homem no sentido absoluto, não apenas homem; a sua humilhação não foi tanto de assumir uma natureza humana, mas em fazer-se um conosco nas condições pecaminosas que criámos. Ele não veio a um mundo ideal, mas a este mundo de pecado e sofrimento – não como um estranho a esta vida de eventualidades incertas, mas como alguém que carrega o fardo do pecado do mundo sobre Si mesmo, embora sem pecado. Submeteu-se a vestir a forma e o hábito do homem, e perante a tentação, provar a Sua obediência à Vontade Divina, como eu todos devemos fazer.

 Ele quis se tornar alvo do ódio, do desprezo e da zombaria de Deus, e o efeito disso foi terrível, pois Ele enfrentou o pecado tanto em seu poder acumulado e massificado quanto em suas delícias experienciais.

 Ele se humilhou ao tomar sobre Si as consequências penais temporais, que são o

JUSTIÇA

resultado da desordem moral causada pelo pecado. Pela Sua submissão por nossa causa, Ele fez em Si mesmo a expiação pela nossa natureza pecaminosa, tornando-se, por assim dizer, o cadinho vivo no qual a escória de nossas vidas pecaminosas é queimada, para que pudéssemos ser novamente ouro puro, consagrado aos propósitos santos de Deus.

Não foi que nossos pecados fossem transferidos para Ele para que sejamos inocentes, mas que, aceitando a fidelidade à nossa natureza humana, Ele quis que fossem impostas a Ele as condições que nossos pecados mereciam.

Ele não sofreu simplesmente como como um homem, que carrega só uma parte do fardo do mundo pelo pecado, mas sim sofreu, como o Deus-Homem, cujo sofrimento humano abrangia em si o sofrimento mais absoluto que o pecado pode trazer — dor física e mental, consequente da mortalidade humana; abnegação total do orgulho e da avareza humana; e crucificação indefesa, pela arrogância e força bruta do mundo.

Assim Ele quis, que n'Ele o nosso sofrimento fosse transmutado de pena em expiação, e fosse o início de uma nova vida nele.

É por isso que, quando chega a hora de entregar livremente a sua vida, Ele não oferece defesa. Como um culpado, apresenta-se perante os juízes; em silêncio, ouve as acusações e a condenação; todas as forças do mal podem jogar livremente.

Finalmente, a Cruz não foi apenas um surto da paixão humana – foi a expressão violenta do anti-Deus. Foi o pecado em sua essência – a tentativa de destruição da Divindade.

O pecado é a automutilação, a destruição da personalidade – quando assume a forma de orgulho, coroa a Bondade com espinhos; quando assume a forma de desonestidade, prega as mãos a uma cruz; quando assume a forma de ódio, blasfema contra os moribundos; quando assume a forma de luxúria, crucifica.

Nada menos do que derramamento de sangue poderia ter sido o pior crime do pecado e registrado a dor mais profunda do pecado.

O mal deve trabalhar o seu poder até ao fim amargo, usar todo o seu ódio, esgotar todos os seus enganos, desembainhar todas as suas espadas sangrentas, para que, esgotado, a Bondade possa ser revelada como triunfante.

E agora, gasto o mal no ato final da crucificação, vendo que, por Justiça, o último centavo foi pago na moeda vermelha do Seu sangue, e a hipoteca contra o homem paga, Ele proferiu Seu Grito de Triunfo: «Está consumado!»

Toda a história, pagã e Judaica, tinha antecipado ansiosamente por este momento: o céu e a terra estavam separados – agora podiam estar unidos.

O Pontífice, ou construtor de pontes, atravessou as margens da eternidade e do tempo... e a Ponte é a Cruz. O último rebite foi colocado no lugar; o último prego cravado . . . está consumado.

Este é o significado de um crucifixo: a sua morte não é necessária pela vontade perversa dos homens pecadores e, portanto, não é um martírio; mas sim uma submissão voluntária à vontade perversa deles, a fim de despertar os homens para a malignidade de seus pecados e, assim, convencê-los ao arrependimento.

Neste mesmo ato, revela-se a terrível malignidade do pecado e a bondade de Deus, pois é a Vítima que perdoa. Foi a beleza e a amabilidade do Deus-Homem Cristo que, por um lado, tornaram o crime tão grande e, por outro lado, tornaram o perdão Divino tão definitivo e tão certo.

Aquela Figura na Cruz, trazia ao máximo não apenas os efeitos físicos do pecado que qualquer homem poderia sofrer, e não apenas os efeitos mentais do pecado, que todos nós deveríamos sentir, mas os efeitos espirituais do pecado que só Ele podia sentir porque, sendo sem pecado, não faziam parte dele. Somente os sem pecado, conhecem o horror do pecado.

Se conseguirmos suportar o olhar de um crucifixo por tempo suficiente, descobriremos estas verdades. Em primeiro lugar: se o pecado custou tanto aquele é a própria Inocência, então eu, que sou culpado, não posso tomá-lo de ânimo leve; segundo, só há uma coisa pior em todo o mundo do que o pecado – e isso é esquecer que sou pecador; em terceiro lugar, mais amarga do que a crucificação, deve ser a minha rejeição daquele Amor pelo qual fui redimido.

Toda lei, física ou moral, tem suas penas. Se desobedece à lei da saúde, a natureza penaliza com a doença. Se desobedecer à lei moral, não se pode esperar eternamente de escapar às suas consequências como se não a tivesse violado.

Pode decorrer algum tempo entre a semeadura e a colheita, para que o trigo e o joio cresçam juntos; mas chega um dia o dia do Julgamento, quando o trigo é recolhido aos celeiros, e o joio é queimado.

Suponha que agora admitiu que era um pecador, e desejava ser justificado por essa Redenção. Como colocaria os dois juntos? Como amarrar um coração pecador com essa Cruz? Como estender 1900 anos, para tornar a Redenção efetiva em você – agora nesta hora? Esta é uma pergunta muito prática que merece resposta.

Seria fácil responder se aquela Cruz pudesse ser levantada das rochas do Calvário por alguma mão gigante, colocada no meio das nossas cidades e no meio das nossas planícies.

Suponhamos que tal milagre realmente aconteceu, de modo que, em vez de olharmos para o Calvário na memória e na imaginação como algo que aconteceu, pudéssemos ver o Calvário reencenado diante de nossos olhos, tão verdadeira e realmente que pudéssemos ganhar o mesmo mérito como se estivéssemos na Sexta-feira Santa sob a sombra da Cruz.

Suponhamos que, de alguma forma visível, pudéssemos «mostrar a morte do Senhor até que Ele venha» (1 Coríntios 11:26), para podermo-nos incorporar a ela, tal como Maria e João fizeram no Calvário.

Temos o direito de esperar que o Memorial de Sua Paixão seja prolongado até esta hora, pois não deu Ele esse Memorial na noite anterior à sua morte, consagrando pão e vinho em Seu próprio corpo e sangue, e disse aos Seus Apóstolos que o fizessem em Sua memória?

Se essa Morte Redentora pudesse ser tão visivelmente reencenada nestes nossos dias de guerra, desgraça e miséria, então a Cruz não seria uma memória, mas uma ação; não uma oração, mas um sacrifício renovado; não algo estranho para nós, mas algo disponibilizado para a nossa participação.

Quase parece bom demais para ser verdade. Mas foi precisamente isso que aconteceu! Para os Católicos, a Missa é o Calvário renovado! Na cruz, Ele estava só; na Missa, estamos com Ele. Nesse sentido, Cristo ainda está na Cruz.

A SÉTIMA VIRTUDE
- Caridade -

« Pai, nas tuas mãos entrego o meu espírito. »

A CARIDADE É A PERFEIÇÃO da Justiça. Como disse Aristóteles sabiamente: «Onde está a Justiça, há ainda mais necessidade de amizade; mas onde está a amizade, não há necessidade de justiça.» Complementando este último pensamento, Santo Agostinho disse: «Ama a Deus e faz o que quiseres», pois se amares a Deus, jamais farás nada para O ofender.

Convém, portanto, que a Sexta Palavra, refletindo a Justiça de Deus, cuja cumpriu a vontade do Pai nos seus mais ínfimos pormenores, fosse seguida da Sétima Palavra de Caridade: «Pai, nas tuas mãos entrego o meu Espírito.» Foi como o sétimo dia da Criação. Durante as seis palavras, o Filho de Deus trabalhou, perdoando inimigos, perdoando ladrões, consolando uma mãe, expiando a falta de fé, implorando por amor, expiando a injustiça, e agora Ele descansa e volta para casa.

O amor é, em grande medida, um estranho na terra; encontra satisfações momentâneas nos corações humanos, mas logo se torna inquieto. Nasceu do Infinito, e nunca pode contentar-se com nada menos. Em certo sentido, Deus nos 'estragou' para qualquer outro amor além do Seu, porque Ele nos fez a partir de Seu Amor Divino.

Só as faíscas terrenas de afeto podem acender nossos corações, pois nasceram do Seu Fogo Eterno. Aqui, somos todos reis de exílio; pródigos da Casa do Pai. Tal como as chamas sobem até ao sol, assim também Aquele que veio do Pai deve voltar novamente ao Seu Pai: o Amor deve voltar ao Amor. «Pai, nas tuas mãos entrego o meu Espírito.»

É digno de nota que Ele disse estas palavras em voz alta. Ninguém lhe tirou a vida. Não era como o amor, expresso por um pai moribundo ao seu filho; tal amor é gerado de um coração que encontra o impacto do inevitável. Mas, no caso de Nosso Senhor, foi completa e absolutamente não forçada – a entrega da liberdade.

Assim Ele nos ensinou que todo o amor nesta terra envolve escolha. Quando, por exemplo, um jovem exprime o seu amor a uma jovem mulher, e lhe pede em casamento, não está apenas a fazer uma afirmação de amor; ele também está negando amor por qualquer outra pessoa. Nesse único ato pelo qual ele a escolhe, rejeita tudo o que não é ela.

Não há outra verdadeira maneira de provar que amamos uma coisa, a não ser escolhendo-a em vez de outra. Palavras e suspiros de amor podem ser, e muitas vezes são, expressões de egoísmo ou paixão; mas as ações são as provas de amor.

Quando Deus colocou Adão e Eva no jardim, a preservação dos seus dons foi condicionada à fidelidade a Ele. Mas como provar a fidelidade senão por opção, ou seja, obedecendo à Vontade de Deus, em preferência a qualquer outra vontade?

Na liberdade de escolher uma fruta para um jardim, escondia-se a prova do seu amor.

Por sua decisão, eles provaram que amavam algo, mais do que Deus.

Após a ressurreição, Nosso Senhor prefaciou a atribuição dos poderes de jurisdição a Pedro como a Rocha da Igreja, fazendo a pergunta: «Simão, Filho de João, amas-Me mais do que estes?» Três vezes a pergunta é feita, porque três vezes Pedro havia negado Nosso Senhor — mais uma vez, o amor é testado pela preferência.

O início e o fim da vida pública de Nosso Senhor, revelam esta mesma qualidade básica de amor. No Monte da Tentação e no Monte do Calvário, Satanás e homens maus lançam subornos na balança, para influenciar a Sua escolha. Examinando toda a grandeza da terra, Satanás, com presunção assustadora, disse: «Todos estes reinos são meus.» Ofereceu-os todos a Nosso Senhor, se ao Se prostrar, O adoraria. Jesus poderia ter o mundo se desistisse do Céu.

Agora, no outro monte, são os homens satânicos que tentam, gritando: «Desce, e nós creremos.» «Desce da Tua crença no Pai Celestial.» «Desce de Tua crença na

Divindade.» «Desce da cruz, e então creremos.» Jesus poderia ter crentes se desistisse da Cruz, mas sem a Cruz, Jesus não poderia ser o Salvador.

Mas, como não caiu diante de Satanás, também não desceu da Cruz, pois o amor perfeito é a escolha do Amor Divino. Ele escolheria a Vontade do Pai, ou para este tesouro, ou para o Seu conforto corporal. E é por isso que: «Ninguém tem maior amor, do que aquele, que dá a sua vida pelos seus amigos.» (João 15:13)

Ora, o Seu amor não foi apenas declarado por palavras, mas provado por atos. Podia desfrutar do fruto do amor perfeito, mas: «Pai, nas tuas mãos entrego o meu Espírito.» (Lucas 23:46)

Para nós, só pode haver uma conclusão: não basta ter um nome Cristão, é preciso também merecer o nome. «Nem todo aquele que diz 'Senhor, Senhor', entrará no Reino dos Céus...» (Mateus 7:21) Provamos amar Nosso Senhor, somente se O escolhermos de preferência a qualquer outra coisa. A condição de voltar às mãos do Pai no último dia, é a escolha da Sua Cruz, e tudo o que ela implica.

A qualquer momento de nossa existência, podemos testar se somos verdadeiramente cristãos, e esse teste será a obediência aos Seus mandamentos: «Aquele que tem os meus mandamentos e os guarda, é ele que me ama. E aquele que me ama será amado por meu Pai, e eu o amarei e me manifestarei a ele. E o Pai o amará, e nós viremos a ele, e faremos com ele a nossa morada.» (Jo 14, 21-23)

Isto leva-nos à segunda lição da Caridade. Nesta Sétima Palavra, Nosso Senhor não expressou o Amor ao Pai em termos de cumprir os mandamentos, pois era de fato uma relação pessoal, de Pai e Filho. Mesmo no texto: «Aquele que ama os meus mandamentos e os guarda, é ele que me ama.» Os mandamentos não são leis abstratas separáveis de Sua Pessoa; eles são um com Ele.

«Se Me amas, guarda os Meus mandamentos.» O amor perfeito é, portanto, bem distinto da obediência aos mandamentos como leis. As leis são para os imperfeitos; o amor é para o perfeito. A lei é para quem quer saber o mínimo; o amor é para aqueles que estão interessados no máximo. As leis, portanto, são em geral, negativas: «Não serás...»; o amor é afirmativo: «Ama o Senhor, teu Deus, de todo o teu coração.»

Os Cristãos imperfeitos preocupam-se apenas em guardar as leis da Igreja; querem saber até onde podem ir sem cometer um pecado mortal; quão perto eles podem chegar ao inferno sem cair; quanto mal podem fazer sem serem punidos; como podem agradar a Deus sem desagradar a si mesmos.

O Cristão perfeito nunca está interessado em fronteiras, ou no mínimo, porque o amor nunca é medido. Maria Madalena não contou as gotas da pomada preciosa enquanto as derramava sobre os pés de Nosso Divino Salvador, mas Judas contou o custo.

Madalena, por amor, quebrou o vaso e deu tudo, pois o amor não tem limites. Da mesma forma, São Paulo, não poderia pensar em uma maneira melhor de descrever o amor de Cristo pelos pecadores do que dizer: «Ele se esvaziou.»

Não há lei que obrigue aqueles que amam a dar presentes à pessoa amada; não há leis que obriguem as mães a amar os filhos. Onde há amor, não há lei, porque o amor não tem limites.

Não havia limites para a Cruz; os braços estendidos até ao infinito, retratavam a eficácia universal da Redenção. Não tinha como contar o custo: «Não seja feita a minha vontade, mas a Tua.» Ele até se recusou a tocar numa bebida que poderia ter entorpecido os Seus sentidos, e assim privar Sua vontade de completa auto devoção pelos homens.

Como Madalena, Ele quebrou o cálice da Sua Vida, e derramou «abundante Redenção». Tal amor perfeito só poderia ser compensado por um retorno ao amor perfeito: «Pai, em Tuas Mãos entrego o Meu Espírito.»

A essência do Cristianismo é o amor, sim! Mas não o amor como o mundo o entende; não é amar aqueles que nos amam, mas amar até mesmo aqueles que nos odeiam. O amor não está no organismo, mas na vontade; não no afeto, mas na intenção; não na satisfação, mas na preferência à escolha de Deus acima de tudo.

Portanto, cada alma, mesmo aqueles que nos irritam, incomodam e odeiam, devem ser vistos como quem tem potencial de amar a Cristo, e cada Cristão deve ser considerado como uma espécie de hóstia consagrada.

O homem mais degradado na face da terra é precioso, e Cristo morreu por Ele. Essa pobre alma pode ter feito a escolha errada, mas isso não nos cabe decidir. Enquanto ele tem vida, ele tem esperança. Ele pode não parecer amável, mas é amado por Deus.

A perfeição de toda a virtude é caridade; amor a Deus e amor ao próximo. Se nós, como Cristo, entregaremos ou não nossa alma nas mãos do Pai no último dia, depende inteiramente do uso que fizemos da nossa liberdade.

Quando abusamos dela, a nossa consciência diz-nos que somos o nosso pior inimigo. «Agora sei que, quando Te preguei numa cruz, foi o meu próprio coração que matei.» Todo o pecado é automutilação.

A maioria de nós, estamos afastados de um amor perfeito a Deus, «... temerosos de tendo-O, não poderemos ter nada mais além d'Ele.» Há um medo de perder algo pela obediência a Ele; uma hesitação em aventurar-se tudo em Deus. Tudo se tornaria mais fácil, se pudéssemos apenas ver que quando temos sol não precisamos de uma vela.

Deus nos conceda a luz para ver que, amando-O, temos tudo e, com essa luz, vem a graça de morrer com as Suas palavras nos nossos lábios: «Pai, nas Tuas Mãos entrego o Meu Espírito.»

AGRADECIMENTOS

Aos membros da Fundação Arcebispo Fulton John Sheen em Peoria, Illinois, USA. Em particular, ao Rev. Daniel R. Jenky, C.S.C., Bispo de Peoria, pela sua liderança e fidelidade à causa da canonização de Sheen, e na produção deste livro.

www.archbishopsheencause.org

Aos voluntários da Sociedade Missionária Arcebispo Fulton J. Sheen do Canadá: o vosso lema «A menos que as almas sejam salvas, nada se salva», fala da realidade de que Jesus Cristo veio ao mundo para tornar a salvação disponível a todas as almas.

www.archbishopfultonjsheenmissionsocietyofcanada.org

À equipe do Sophia Institute Press, por sua inestimável ajuda em compartilhar os escritos do Arcebispo Fulton J. Sheen com uma nova geração de leitores.

www.sophiainstitute.com

E, por último, ao Arcebispo Fulton J. Sheen, cujos ensinamentos sobre a Paixão de Nosso Senhor e Suas Últimas Sete Palavras continuam a me dar inspiração, a amar mais a Deus e a apreciar o dom da Igreja. Sejamos tão abençoados a ponto de imitar o amor que o Arcebispo Sheen teve pelos santos, pelos sacramentos, pela Eucaristia e pela Bem-aventurada Virgem Maria. Que o Bom Senhor lhe conceda um lugar muito elevado no Céu!

SOBRE O AUTOR
Fulton J. Sheen
(1895–1979)

O ARCEBISPO SHEEN, mais conhecido por seu programa de televisão 'Life is Worth Living', é considerado hoje uma das figuras mais reconhecidas do Catolicismo no Século XX.

Fulton John Sheen, nascido a 8 de Maio de 1895, em El Paso, Illinois, foi criado e educado na Fé Católica Romana. Ao nascer, foi chamado Peter John Sheen, mas passou a ser conhecido em menino pelo nome de solteira de sua mãe, Fulton. Foi ordenado sacerdote da Diocese de Peoria, na Catedral de Santa Maria em Peoria, IL, a 20 de Setembro de 1919.

Após sua ordenação, Sheen estudou na Universidade Católica de Lovaina, onde obteve um doutorado em filosofia em 1923. Nesse mesmo ano, recebeu o Prémio Internacional de Filosofia Cardeal Mercier, sendo o primeiro Americano a receber esta distinção.

Após um trabalho variado e extenso por toda a Europa, ao regressar à América, Sheen continuou a pregar e ensinar teologia e filosofia desde 1927 a 1950, na Universidade Católica da América em Washington D.C.

A partir de 1930, Sheen apresentou uma transmissão semanal na rádio, chamada «The Catholic Hour». Esta transmissão captou muitos ouvintes dedicados, supostamente atraindo uma audiência de quatro milhões de pessoas todas as semanas, por mais de vinte anos.

Em 1950, tornou-se Diretor Nacional da Sociedade para a Propagação da Fé, angariando fundos para apoiar os missionários. Durante os dezesseis anos em que ocupou esse cargo, milhões de dólares foram angariados para apoiar a atividade missionária da Igreja. Os seus esforços influenciaram dezenas de milhões de pessoas por todo o mundo, levando-as a conhecer Cristo e a sua Igreja. Além disso, a sua pregação e seu exemplo pessoal, trouxeram muitos convertidos ao Catolicismo.

Em 1951, Sheen foi nomeado Bispo Auxiliar da Arquidiocese de Nova Iorque. Nesse mesmo ano, começou a apresentar o seu programa televisivo 'Life is Worth Living', que durou seis anos.

No decorrer da sua execução, esse programa competiu por tempo de antena com programas populares apresentados por nomes como Frank Sinatra e Milton Berle. O programa de Sheen manteve-se e, em 1953, apenas dois anos após a sua estreia, ganhou um Emmy de «Personalidade Mais Notável da Televisão». Fulton Sheen creditou aos escritores do Evangelho - Mateus, Marcos, Lucas e João - por sua valiosa contribuição para seu sucesso. O programa de televisão de Sheen foi exibido até 1957, com cerca de trinta milhões de telespectadores semanais.

No Outono de 1966, Sheen foi nomeado Bispo de Rochester, Nova Iorque. Durante esse tempo, Bishop Sheen apresentou outra série de televisão, 'The Fulton Sheen Program', que foi exibida de 1961 a 1968, modelando de perto o formato de sua série 'Life is Worth Living' (A Vida Vale a Pena Ser Vivida).

Após quase três anos como Bispo de Rochester, Fulton Sheen renunciou, e logo foi nomeado pelo Papa Paulo VI como Arcebispo Titular da Sé de Newport, País de Gales. Esta nova nomeação permitiu a Sheen a flexibilidade para continuar a pregar.

Outra reivindicação de fama, foram as homilias anuais de Sexta-Feira Santa do Bispo Sheen, as quais pregou por cinquenta e oito anos consecutivos na Catedral de São Patrício, em Nova York. Sheen também liderou numerosos retiros para sacerdotes e religiosos, pregando em conferências por todo o mundo.

Quando Papa São Pio XII lhe perguntou quantos convertidos ele havia feito, Sheen respondeu: «Santidade, eu nunca os contei. Tenho sempre medo de que, se os contasse, pudesse pensar que os fiz, em vez de Nosso Senhor.»

Sheen era conhecido por ser acessível e 'pé no chão'. Ele costumava dizer: «Se você quer que as pessoas permaneçam como estão, diga-lhes o que querem ouvir. Mas se quiser melhorá-los, diga-lhes o que devem saber.» Isso ele fez, não só pela sua pregação, mas também através dos seus numerosos livros e artigos. Seu livro intitulado «Peace of Soul»

(Paz de Alma) foi o sexto, na lista de best-sellers do New York Times.

Três dos grandes amores de Sheen foram: a propagação da fé, através das missões; a Santa Mãe de Deus, e a Eucaristia.

Ele passava uma hora santa diária em oração, perante o Santíssimo Sacramento. Foi do próprio Jesus que ele recebeu a força e inspiração para pregar o evangelho, e na presença de Quem preparou suas homilias. «Peço [a Cristo] todos os dias que me mantenha forte fisicamente, e alerte na minha mente, a fim de pregar o Seu evangelho e proclamar a Sua Cruz e Ressurreição», disse ele. «Estou tão feliz ao fazer isso, que às vezes sinto que, quando chegar ao bom Senhor no Céu, vou descansar por alguns dias, e depois pedir a Ele que me permita voltar novamente a esta terra, para fazer mais algum trabalho.»

As suas contribuições para a Igreja Católica são numerosas e variadas, desde a educaçao em salas de aula, igrejas e lares, até à pregação sobre um programa de rádio nacionalmente divulgado, e dois programas de televisão, além de produzir mais de sessenta obras escritas. O Arcebispo Fulton J. Sheen tinha o dom de comunicar a Palavra de Deus de uma maneira muito simples. A sua formação sólida em filosofia, ajudou-o a relacionar-se com todos de uma forma genuína e personalizada. As suas mensagens intemporais, continuam a ter grande relevância nos dias de hoje. O seu objetivo era inspirar todos a viver uma vida centrada em Deus, com a alegria e o amor que Deus pretendia.

Em 2 de Outubro de 1979, o Arcebispo Sheen recebeu sua maior honra, quando o Papa São João Paulo II o abraçou na Catedral de São Patrício, em Nova York. O Santo Padre disse-lhe: «Escreveste e falaste bem do Senhor Jesus Cristo. És um filho leal da Igreja.»

O Bom Senhor chamou Fulton Sheen para o seu eterno descanso a 9 de Dezembro de 1979. As suas transmissões televisivas e os seus livros, agora disponíveis através de vários meios de comunicação, estendem sua obra terrena de ganhar almas para Cristo. A causa de canonização do Arcebispo Sheen foi aberta em 2002. Em 2012, o Papa Bento XVI declarou-o «Venerável» e, em julho de 2019, o Papa

Francisco aprovou formalmente o milagre necessário para que o processo de beatificação e canonização de Sheen avançasse. A hora e a data para a igreja declarar o Arcebispo Fulton J. Sheen como 'Santo', está nas mãos de Deus.

Livros disponíveis através de Bishop Sheen Today Publishing

O Livro de Oração da Hora Santa

O Sacerdote Não é Seu

Vitória Sobre o Vício E As Sete Virtudes

www.bishopsheentoday.com

www.ingramcontent.com/pod-product-compliance
Lightning Source LLC
Chambersburg PA
CBHW070638050426
42451CB00008B/205